ネットと差別扇動

フェイク／ヘイト／部落差別

Talk Session

谷口真由美×荻上チキ×津田大介×川口泰司
部落解放・人権研究所［編］

解放出版社

まえがき

二〇一六年一二月、「部落差別解消推進法」が成立・施行されました。背景にはネット社会における差別の悪化・深刻化があります。ネット上で爆発的に拡散されるデマや偏見。部落問題について無知・無理解・無関心な人ほど、デマや偏見を鵜呑みにしています。今、あらためて人権教育の重要性が指摘されています。

また、ネット上では全国の被差別部落の所在地リスト（「部落地名総鑑」）や部落出身者などの個人情報一覧リストが作成され、結婚や就職時の身元調査、不動産取引における土地差別調査に悪用されています。さらに、鳥取ループ・示現舎によって「部落地名総鑑」が公然と出版されようとしており、オークションサイトで売買する人までが出てきています。これまでの半世紀にわたる身元調査お断り運動や就職差別撤廃の取り組みが一瞬にして壊され、深刻な状況が起きています。

このような状況を打開していくために部落解放・人権研究所では、二〇一七年より「ネットと部落差別研究会」を立ち上げ、ネット上の部落差別解消に向けた調査研究や実践交流、政策提言を行ってきました。

ネットを悪用した差別、人権侵害の放置、この最悪な状況から一歩でも前進するよう、人権が保障されたネット空間、ルールづくり、人権確立社会の実現に向けて何が必要で、どう取り組んで行けばよいのか。ドイツやEUの先駆的なヘイトスピーチ、フェイクニュース対策などに学びながら国内におけるネット対策、差別解消の取り組みの充実に向けて荻上チキさん、津田大介さん、谷口真由美さん、そして私の四人でのトークセッションを一冊の本にまとめました。ネットと差別扇動の現実、ネット対策のこれからをみなさまとともに考えていきたいと思います。

※本書は二〇一八年一二月一五日に開催された「『ネットと部落差別研究』研究集会」（主催：一般社団法人部落解放・人権研究所）におけるシンポジウム「ネット社会と人権確立」の内容を再構成したものである。

一般社団法人　山口県人権啓発センター事務局長　川口泰司

目次

ネットと差別扇動——フェイク／ヘイト／部落差別

登壇者のプロフィール

川口　進行役を務めます、川口泰司です。よろしくお願いいたします。二〇一六年一二月に「部落差別解消推進法」（以下、推進法）が成立した立法事実の一つに、インターネット社会における部落差別の深刻化があります。同法第一条には「情報化の進展に伴って部落差別に関する状況の変化が生じている」として、国会での法案審議でも、何度もネット上での部落差別の現実が指摘されました。

推進法の具体化に向けて、部落解放・人権研究所では「ネットと部落差別」研究会を立ち上げ、ネット社会における部落差別の解消に向け学習会や研究活動を行ってきました。本日は、様々なジャンルでご活躍の三人のパネラーの方にご登壇いただき、「ネット社会における差別の現実、そして、どうしたらネット上の差別問題を解決できるのか」というテーマについて議論していきたいと思います。

津田　皆さん、こんにちは。ジャーナリストの津田大介です。「メディア・アクティビスト」も名乗っています。もともとインターネット関連の雑誌のライター出身で、今も情報技術がどう社会を変えるのかといったことをテーマに仕事をしています。僕の仕事をご存知の方は、そうしたデジタルやネットの印象が強いと思いますが、僕にとって今日のテーマは原点に戻るような感覚があります。というのも、僕が早稲田大学社会科学部で所属していたゼミは「研究テーマは何でもいい」と自由だったのですが、そのゼミで僕が研究したのは同和問題だったからです。ゼミ論もそれで書きました。

津田大介

僕自身は東京都出身なので同和教育を受けた経験はありません。ただ、父は兵庫県の丹波篠山の出身で、身近に部落差別があったことを父からよく聞いていました。僕個人がこの問題に関心を持ったのは、中学生のときに見た『朝まで生テレビ』でした。部落差別問題を真正面から取り上げた回を見て衝撃を受け、それから同和問題に関心を持つようになりました。

しかし、大学を卒業してライターの仕事をし始めたときは、フィールドが「インターネット」だったので、同和問題や人権問題への造詣をそれ以上深める方向には向かいませんでした。その後、雑誌ライターからメディア全般をフィールドにするジャーナリストになったことで、「ネット時代のメディアのあり方や、ジャーナリズムについて語ってほしい」というオファーが増えていきました。ジャーナリズムについて語るとなると、社会問題を語らざるをえなくなる。こうして二〇一一年ごろから、ニュース番組などにも出演して「社会問題」を語るジャーナリストになったというのがこれまでの経緯です。

中学生のとき、自分が社会の不条理に興味を持つきっかけとなったのは部落差別問題でした。だからこそネット上に今蔓延している差別やヘイトスピーチの問題は、僕自身にとって決して無視できない一丁目一番地です。ネットのポジティブな可能性を説いてきた自分だからこそ、ネット上の差別やヘイトスピーチの問題にも正面から取り組まないといけないと思っています。二〇一八年一一月には『情報戦争を生き抜く――武器としてのメディアリテラシー』（朝日新聞出版）を出版しましたが、その本でも多くのページを差別やヘ

谷口真由美

イトスピーチの問題に充てています。ここ三年ぐらいの動きをまとめたものですが、対策を考える上でタイムリーな内容となっていると思いますので、ぜひご一読いただければ幸いです。

谷口　皆さん、こんにちは。谷口真由美です。私は、部落解放・人権研究所の理事で、当研究所の「性差別構造の調査・研究」を行う第二研究部門の部門長もしております。

専門は国際人権法で、特に女性差別撤廃条約の研究者です。世間ではどうやら「日本国憲法の研究者」と思われている節があるのですが、実際には、憲法の専門家を名乗るほどの者ではありません。ただ、大学の法学教育においては、一般教養の日本国憲法は、法学の教員なら誰でも教えられるものなので、その意味においては、大学教育で日本国憲法を教えています。基本的には国際社会や国連の動き、あるいは世界が国際的な基準で人権を語り出した経緯などを研究しています。

そのようななかで、たまたまご縁があって、メディアに出る機会が増えてきました。津田さんや荻上さんとは、ＴＢＳの報道番組『サンデーモーニング』でご一緒させていただいていますが、三人ともネットでよく炎上しています（笑）。

津田　いやいや、谷口さん、チキさんは防御力が高いので、炎上しそうで、全然炎上しないんですよ。炎上はたぶん僕がダントツで多いんじゃないかな……。

谷口　私はTwitterをしていないのにもかかわらず、勝手に炎上していくんですよね。自分からは全く巻き込まれにも行ってないし、飛び込んでもいないのに。

津田　谷口さんは、何か発言して炎上することが多いですよね。僕ぐらいの上級者になると、「この問題について、なぜ津田は語らないんだ！」という感じで炎上します。何か言っても言わなくても炎上する。揮発性が高いんですね（笑）。

谷口　そこまでいったら上級者ですよね（笑）。わたしはまだまだビギナーですね。そういう意味では、今日は津田さんにいろいろと教えていただかなければいけないと思っています。

差別の問題は、ジェンダーの視点をそこに加えて複合差別という観点から考えると、たとえば単なる部落差別や障害者差別だけでなく女性差別も交差し、さらに差別がひどくなっていく現状があります。

一番わかりやすいのが、やはり性差別の構造だと思います。今日はそういった視点からもお話しできればと思っています。どうぞよろしくお願いいたします。

荻上　皆さんこんにちは。評論家で、ＮＰＯ法人ストップいじめ！ナビの代表をしております荻上チキと申します。普段は、ＴＢＳラジオの『セッション22』のパーソナリティーを務めています。月曜日から金曜日の夜一〇時からニュースや社会問題を取り上げて解説をしています。大阪ではオンエアはされませんが、ウェブ上では聞くことができます。

二〇一八年以前は、「シノドス」というウェブサイトの編集長をしていました。そこでは毎日、専門性を持ったコメンテーターの方に、時事問題の解説をしていただくというようなことをしていました。

そうしたサイトの運営をしながら、様々な人にインタビューに行く、あるいはラジオパーソナリティーとして毎日いろいろな専門家の方にお会いした結果、数えてみたら年間延べ一〇〇〇人ぐらいの専門家の方に話をうかがっていました。

もともとは僕も津田さんと同じで、専門はメディア論です。大学時代は日本文学専攻でした。学生時代の卒業論文の執筆の際に、現実逃避からブログを始めましたが、そのブログがなんだかんだで続き、物書きになるきっかけにもなりました。ブログのなかで、ネット上のデマや差別の問題を書いてきましたが、「それらをまとめて本にしないか」というオファーを出版社からいただき、書籍として出版することになったのです。

出発はメディア論でしたが、その時々の関心によって、調査の対象などは変わってきます。ですからその都度、仲間やチームを変えて、問題解決を進めるべく取材や調査などを仲間と一緒に行ってきました。

荻上チキ

たとえば今は、社会心理学者の高史明さんと共同研究をしており、セクシュアリズムやジェンダーの問題ついて、ウェブ上で今どのような差別が起きているのかを計量分析と社会心理の手法を使って調査しています。「問題意識はあるけれども、自分だけでは計量分析はできない」といった場合に、「専門家と一緒に共同研究を行ったらこの問題は解決するんじゃないか」という解決目線を軸に、いろいろなリサーチをしています。

今日のテーマである部落差別の問題については、直接リサーチをしたわけではありませんが、具体的な問題提起をしていただくことによって、これまで行ってきたメディア運営経験やリサーチ経験など、様々な視点をベースにしながら、解決の糸口を見付けていくことができるのではないかと考えています。

今日は、具体的なメディア論についても話しつつ、新しい時代の差別構造や世界の差別事件にも触れながら、差別をどのように解消していけばいいのかを議論したいと思います。よろしくお願いします。

「部落差別解消推進法」施行とその意義

「部落差別解消推進法」の概要

川口　まず初めに二〇一六年一二月に成立・施行した「部落差別解消推進法」（以下、推進法）を確認しておきたいと思います。推進法の第一条には「この法律は、現在もなお部落差別が存在するとともに、情報化の進展に伴って部落差別に関する状況の変化が生じている」として「部落差別は許されない」との認識のもと「部落差別のない社会を実現することを目的とする」としています。

推進法の意義としては「現在もなお部落差別が存在する」と国が改めて部落差別の存在を認めたことです。そして、法案審議のなかで「寝た子を起こすな」論（「何も知らない人にわざわざ部落差別の問題所在を知らせる必要はなく、そっと放置しておけば自然に解決する」とする考え方）が改めて否定されました。ネット社会が普及した今、部落問題について無知・無理解な人ほど、デマや誤った情報を信じやすく、危ないと。「寝た子はネットで起こされる」時代になった。だから、最低限の部落問題学習を、しっかりと学校教育や社会教育で行う必要があるとされました。

次に、「部落差別は許されない」ということを同法律で明示した結果、それが一つの社会規範となったことも重要です。

そして、部落差別解消に向けて①相談体制の充実（第四条）、②同和教育・社会啓発の実施・充実（第五条）、③実態調査の実施（第六条）に取り組むことが示されました。

今、ネット上では部落問題に対するデマや偏見、差別的情報が圧倒的な量で発信され、爆発的に拡散しています。同和教育を受けていない若い世代や「無知・無理解」な人ほど、そうした偏見やデマを内面化し、差別を正当化する論理に影響を受けています。

さらに、部落差別をするための手段ともなる「部落地名総鑑」「部落人名総鑑」が作成され、ネット上で公開されています。調べたい人の現住所や本籍地、名字等がわかれば、瞬時に部落出身者かどうか差別身元調査が可能な仕組みが作られてしまっています。

そして、これらのネット上での差別が放置されていることで、現実社会での差別がエスカレートしています。現実社会では許されない差別行為でも、ネット上では無規制であり、これまで積み上げてきた人権基準が破壊され、後退していっています。

「ここまでやっても許される」と「底が抜けた」状態になり、ヘイトスピーチのように路上でも公然と差別扇動が繰り返されるような状態に部落差別もエスカレートしています。近年の差別事件を見ても部落差別が公然化・攻撃化・扇動化している傾向があります。

川口泰司

ネット上に偏見・差別情報が氾濫

川口　具体的な事例を見ていきましょう。「部落」というキーワードで検索してもらうとわかりますが、様々なサイトが上がってきます。よくあるのが、ネット版百科事典の「Wikipedia」です。私もいろいろな知識を得るときによく参考にしています。この「Wikipedia」も、最近でこそマシになってきましたが、それでもまだまだデマや偏った論調で書かれている記事もあるので気をつけてください。

たとえば「Wikipedia」の「部落問題」という項目のなかに、「被差別部落と暴力団」という記述があります。このなかで「ご承知のとおり、山口組のなかの七〇％は部落民と言われている」「福岡市内に横行するやくざ、不良、チンピラ、パチンコ屋、用心棒の多くは部落民だ」という解説が書かれています。もっともらしく出典も示してあるので、これを読んだ人はあたかも客観的論拠に基づく情報であるかのような錯覚に陥ってしまいます。こうした情報を、大学生や中・高生たちが、人権学習で部落問題を勉強するときに真っ先に参考にしてしまうのです。実際に、「Wikipedia」のデマ・差別情報をそのまま学校で発表し、問題になったケースも散見されています。

次に「Yahoo! 知恵袋」でのデマや偏見に基づく差別の拡散について見ていきます。公益財団法人反差別・人権研究所みえが長年、ネット上の部落差別についてモニタリングしてきました。図表1は二〇一三年に分析した結果です。その当時、「Yahoo! 知恵袋」で「同和」の単語で検索すると、約七八〇〇件の質問がヒットしました。その上位一〇〇〇件の結果がこの図表です。そのうちの三分の一が、「部落差別は今もあるのですか？」とか「被

図表1　Yahoo!知恵袋「同和」検索トップ1,000件

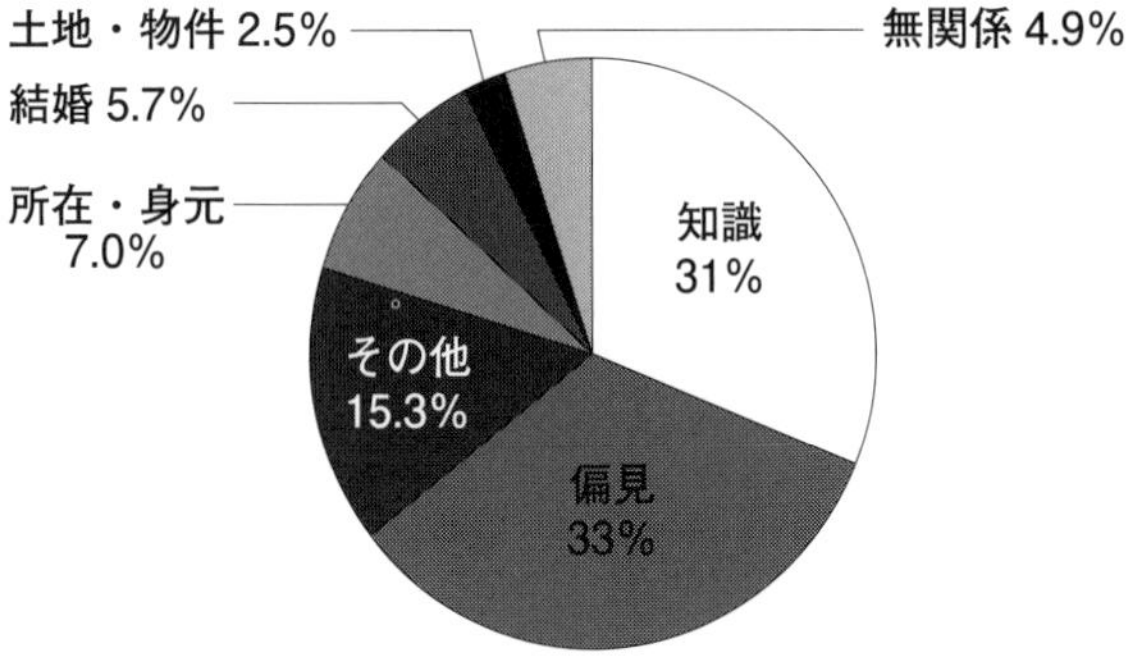

（出所）2013年（公財）反差別・人権研究所みえ

差別部落の歴史を教えてください」などの知識を問う質問でした。そして三分の一は、「部落って怖い地域なんですか？」とか「部落は部落外の人と結婚できないから、部落同士で結婚して障害者がたくさん産まれるんですか？」など、質問自体がもう差別と偏見に満ちたものになっています。残りの三分の一は、結婚などに関する様々な相談ごととなっています。

ショックなことに、質問に対するベストアンサーの約七割が、差別や偏見に基づく回答だということです。そしてその差別的な回答に、多くの「いいね」が付くわけです。部落問題に知識のない人が質問し、偏見や差別意識を助長する回答であっても、多くの人が「いいね」と評価しているため、それが部落問題のスタンダードな考え方だとして、質問者はベス

トアンサーに選んでいく状況が生まれています。

具体的な事例としては「同和地区ってガラが悪いんですか？」「風紀が悪いんですか？」という質問に対して、「近寄るな」「車の運転は注意しろ」「何があるかわからんぞ」というのが、ベストアンサーになっていくわけです。質問者は、「そうですか。わかりました」と疑うこともなく、こうした差別や偏見をスッと受け入れてしまう状況があるのです。この問題については、のちほど議論したいと思っています。

次に動画や画像を使った差別的サイトについてです。実際に各地の部落に行って、デジカメやスマホで動画や画像を撮影し、差別的な見出しやナレーション、BGMなどを挿入して作成されているものもあります。動画検索で「部落」や「同和」で検索すると、差別的なサイトほど検索の上位に上がってきます。部落問題について知識のない子たちや若者たちが、興味本位で「部落ってどんなところなん？」と思ってポチッと押すとこんな動画を見ることになるんです。文字情報とは比べものにならないくらい、部落に対する強烈なマイナスイメージや差別意識、忌避意識が植え付けられていきます。

ただ、この一年ぐらいで各地のモニタリング団体が削除要請に取り組み始め、YouTubeなどでも以前に比べて、差別動画は少しずつ削除され始めていますが、削除されても次々と作成されていきます。

このような差別動画を作成しているのは一部の確信犯的な人たちなんですが、アクセス数が高いので、こういったサイトが検索上位に表示されている状況です。

荻上　たとえばファイナルファンタジーというゲームに使われる、セフィロスというボスとの戦闘のシーンで流れる音楽が動画のＢＧＭに使われています。わざとおどろおどろしいＢＧＭを使って、動画を作っているんですね。

川口　なかには、都市伝説の怖い話みたいな感じのナレーションもあります。稲川淳二ってご存知ですかね。夏の怪談話みたいな、ああいう語り口のやつがあったり、無機質にデジタルで作った音で、文字入力すると音声が出ますので、それで「大阪の○○という地域に行くと～」みたいな語りのものもあります。

荻上　テキスト・トゥ・スピーチってやつですね。本人が声を出さなくても文字を読み上げられるものです。顔だけのキャラクターにあれこれ話させる「ゆっくり動画」などでもおなじみです。

後退する同和教育／同和行政の負の影響

川口　二〇〇二年に「同和対策事業特別措置法」が失効して以降、全国的に同和行政や同和教育の取り組みが後退していくなかで、市民啓発や学校教育の現場で部落問題をテーマにした研修機会が激減しました。若い世代では部落差別という言葉を知っている程度で、詳しくはわからない人も多いです。こうした状況のなか、今の若い世代が、何かのきっかけで部落問題に関心を持った場合、まずはこういった差別的サイトにアクセスして、部落問題について学習していくことになります。特にYouTubeなどは、大勢の子どもたちも見ているので、このような差別や偏見に満ちたコンテンツを閲覧した場合、部落問題との出会い方が非常に悪いものになってしまうことが危惧されます。

情報化社会のなか、様々なデマが飛び交っていますが、それがデマだと知るまでは、本人とってはその情報は真実であり事実なのです。さらに、第三者の利害や生命に関わるような情報の場合は、人は善意で他人に教えてあげようとします。「あの地域は気を付けろ」「あの人には近寄らない方がいい」という形でデマを発信していくわけです。これは、口コミとはまた違う、ネットゆえの問題です。インターネットを介した場合、その影響力は大きく、問題も深刻です。こういった問題が今、ネット上で起きています。

巨大プラットフォーム事業者「ＧＡＦＡ」とヘイトスピーチ

日本では事業者の差別対応が遅れている

津田　今、川口さんが説明してくださった問題は、Twitter に加えてＧＡＦＡ（Google、Amazon、Facebook、Apple）、あるいはＦＡＮＧ（Facebook、Amazon、Netflix、Google）と呼ばれる、アメリカの巨大プラットフォーム事業者の責任に集約されます。なぜヘイトスピーチやフェイクニュースといった悪質な情報がネット上で大量に流通するようになったのか。それは彼らのサービスが、個人の情報発信力を上げ、読者がその情報を拡散することに重きを置いているように設計されていることと無関係ではありません。その一方で、プラットフォーム事業者は、「自分たちは個人の情報を発信することを手助けしている、いわばインフラ事業者のようなもので、新聞やテレビのように自分たちで情報を作っているマスメディアとは違う」という理由で、彼らのサービス上で流される情報の質に対して責任を持とうとしません。「水道に毒を流した人が悪いでしょ。だから自分たちは責任は取りませんよ」という理屈で、自分たちを免責してきたわけですね。しかし、現実問題として彼らのサービス上で流される情報によって様々な実害が起きてますし、その状況に対して一切責任を取らないというのもおかしな話ですし、実際にはプラットフォーム事業者がメディア事業を行っているケースもあるのです。したがって、世界的に、IT事業者やプラットフォーム事業者への責任を求める声が大きくなっているのが現状です。

先ほど川口さんが紹介したような、YouTubeにおける差別動画の削除が追いつかないのは、単に監視する人手が足りないからです。そして、そこには言語の壁もあります。プラットフォーム事業者の日本法人に決定権や十分な予算が与えられていないことが大きく影響しています。YouTubeだけでなく、TwitterやGoogleにしても、様々な意思決定は、基本的にはアメリカ本社にいるスタッフが行っており、日本語の複雑な文脈を理解して問題のあるユーザーや投稿を削除するケースはほとんどありません。日本法人はあくまで営業用のブランチ（支社）という位置付けで、意思決定権も十分な予算やリソースも与えられていないため、こうした差別やヘイトスピーチの問題がずっと放置されているのです。

プラットフォーム事業者のサービスには、問題のある投稿を別のユーザーが事業者に「報告」する機能が付いています。アメリカやヨーロッパでは、悪質な投稿やユーザーに対しては野放しということはなく、報告から二四時間以内に削除されるケースが多いようです。日本の場合、悪質な投稿を報告しても放置されることが非常に多く、このことについては憤りを感じざるをえません。

米大手企業による YouTube からの広告引き上げ

津田　最近は確かに YouTube の差別動画の削除は迅速になってきました。しかし、これも Google が自ら反省して対策を強化したというわけではないんです。彼らが対策を強化したきっかけは、YouTube に広告を出していたコカ・コーラやＢＭＷ、あるいはジョンソン・エンド・ジョンソンといった大手企業が、YouTube の動画にヘイトスピーチやフェイクニュースが多いことを理由に、スポンサーを降りてしまったことが原因です。「こんなにひどい動画を野放しにやっているところにはもう媒体として出せないよ」と言って、ここ二年ぐらいの間に、大手企業たちが軒並み YouTube から広告を引き上げたんですね。Google は検索サービスの会社だと思っている方が多いかと思いますが、彼らが何で利益を上げているのかというと、検索結果や動画に自動挿入される広告収入です。つまり、Googleは世界最大の「広告代理店」なのです。だからこそ彼らは大手企業の広告引き上げに敏感に反応し、二〇一七年末に、「二〇一八年から監視員を一万人増やします」と宣言したわけです。それまでは、決して多くない監視員に加えてＡＩで機械的に対応しようとしていたのですが、広告が引き上げられてはじめて彼らも焦った。自分たちのビジネスに危機的な状況が訪れて初めて、監視員一万人の増員を決めたという事実はＩＴ事業者の倫理観を指し示した象徴的な話だと思います。

荻上　今書店に行くと、ＧＡＦＡを四騎士になぞらえて、それが世界を制覇するみたいなタイトルの本がめっちゃ売れています。特定の大手企業が経営やアプリの方針を変えるだけで、ユーザーの効率性が大きく変わる。世の中の差別が増えたり減ったり、人々の行動が悪い方向に行ってしまうこともあるわけです。

今までの民主主義だと、私たち市民が国家に権力の行使を信託する一方で、憲法などで国家を監視するという契約関係が成り立っていました。しかし昨今では、自分たちが契約したわけではない一企業が、巨大化して影響力を行使するようになったり、あるいは自分はその企業のサービスを使っていなくても、そのサービスを使っている人たちが差別を行うような形で、自分たちの生活に影響を与えてきているのが現状です。Facebookを使っていなくても、誰かに撮られた画像がそこでは上げられている。Googleに同意していなくても、自分についての情報が検索される。このような社会のあり方の根源を、そもそも捉えておく必要があります。

ネット検索の罠——検索順位、AIスピーカー、Yahoo!知恵袋

荻上　先ほどからいろいろな話が出てきましたので、補足的な説明をしますと、Googleで検索をすると、まず最初に出てくるのがウィキペディアです。そしてその次に出てくるのが、YouTubeの動画一覧です。場合によっては画像検索結果も表示されますね。YouTubeのなかで閲覧数が多い動画は、結果的に検索の上位の方に表示されることになるわけです。

たとえば、「セクハラ」で検索した場合、上位にくる動画は「〇〇にセクハラしてやった」みたいな、身内のドッキリと称するある種の差別再生産装置のようなものです。セクハラ被害を受けて相談したい方や論文を書こうと思っている人が検索しても、差別的な情報ばかりで役に立たないという問題が現実に起こっています。

あと、ＡＩの問題も大きくなってきています。たとえば、Wikipedia にアクセスする経路が今、増えつつあります。その一つに「ＡＩスピーカー」というものがあり、二〇一七年ぐらいから普及してきています。

ＡＩスピーカーとは、対話型の音声操作に対応したＡＩアシスタント機能を持つスピーカーのことですが、このＡＩスピーカーに、「ＯＫ Google。〇〇について教えて」と尋ねると、ＡＩスピーカーは「ウィキペディアによりますと」と言ってウィキペディアを読み上げるんですね。つまり今までだったら、自分では検索をしなかったような人たちが、ＡＩスピーカーという便利なツールを使って尋ねるようになると、ＡＩが勝手にウィキペディアにアクセスして答えるようになってしまうわけです。そして結果的に、先ほど川口さんがあげていたような、非常に差別的な内容を読み上げるケースも出てきてしまうのです。こうしたＡＩスピーカーなどは網羅性がないので、「検索している」という意識がなく、「答えを聞いている」という感覚で使う方もいるでしょう。ですから、情報環境全体に対する目配りが必要だという状況です。

そしてこのように、ネット上におけるインターフェイスが進化し、ＡＩスピーカーのようなフレンドリーな情報へのアクセスが可能になってくると、YouTube も Wikipedia も、より影響力を行使しやすい状況が実現するわけです。

特に、動画の視聴環境の拡大には注意が必要です。子どもたちが調べ学習などで、音声入力などを用いて動画を再生した場合、差別動画が流れてしまう可能性があることは大きな問題です。こうした環境を改善していかなければならない状況が、今あるということです。

一方、Yahoo! 知恵袋についても、変なアドバイスがベストアンサーになっているケースが数多く見られます。これは、Yahoo! 知恵袋の構造として、質問した人は必ずベストアンサーを選ばなければならない仕組みになっているからです。

たとえば、Yahoo! 知恵袋で僕の名前を検索してみると、「荻上チキは韓国人ですか？日本人ですか？」みたいな質問があったりするんですね。質問者が何を知りたいのかよくわからないのですが。ただ、それに対して「どこの国の人かわからないけど反日です」という答えが書かれていて、それがベストアンサーになっていたりするわけです。冗談みたいですよね。

でも、ベストアンサーと書かれたら、まるでその答えが信頼に足るものにも見えてしまう。しかし、Yahoo! 知恵袋の運営サイドは、「ユーザーがベストアンサーにしたものであって、私たちが選んでいるわけではない」と言うわけです。ただ、Yahoo!知恵袋という公式のサイトでベストアンサーというステータスが付いていれば、当然それがもたらす権威性というものはあるわけです。そうした権威性というものに対して、各サイトの運営者は非常に無自覚であったということがいえます。CGM（消費者生成型メディア）には、多かれ少なかれ同様の問題があります。ただここ一年ぐらいは、その状況も変わってきていて、津田さんのご指摘のとおり、YouTubeなども広告対策として差別動画を削除するような動きにはなってきています。

「ネトウヨ春のBANまつり」

荻上　二〇一八年五月に、「ネトウヨ春のBANまつり」という出来事がありました。「ヤマザキ春のパンまつり」にかけて、「BAN（バン）まつり」と言っているわけです。そもそもネット上から消されることを「BAN」と言います。

「ネトウヨ春のBANまつり」というのは、電子掲示板「5ちゃんねる」の、特に「なんでも実況J板」の利用者ら、通称「なんJ民」の一部が、ネット上でヘイトスピーチを行っている動画などを見付けては、それをYouTubeに通報して削除させたという出来事

図表２　「ネトウヨ春の BAN まつり」のキャプチャ画面

です。結果として、トータルで一〇〇億回以上も再生されていた六〇万本以上ものヘイト動画、二〇〇〇以上のチャンネルが凍結や削除されるという事態となりました。著名なところでは、竹田恒泰氏やテキサス親父氏のアカウントも停止になりました。

YouTube の規約をしっかり守って通報すれば、削除されるような状況になったときに、通報することが一つのイベントと化して、大きなムーブメントになったわけです。YouTube 側もその要請に対応しなければならないという判断を下して削除をしていきました。このような社会的なある種のムードと、それに対する企業の対応が、ある意味合致したので、今まではあれだけ対応されなかった外国人に対するヘイト動画が、一気にYouTubeから消えていくようなことが起きたのです。

そうなると、今度はヘイト動画で利益を上げていた人たちが慌てて、自分の動画内から、ヘイト動画の基準にひっかかりそうなものを自ら見えないようにしていく事態が起きました。「なんだ。連中も基準わかってんじゃん」と思いましたが、このような形で効果が出たわけです。

ちなみに春だけでは終わらなかったので、「夏のBANまつり」「秋のBANまつり」などずっと継続し、TwitterやYahoo!知恵袋にも活動が波及。まとめWikiなどによれば、Twitterでは三〇〇アカウントによる五〇〇〇万超のツイートが、知恵袋では四万ほどの書き込みが削除されました。

もちろんこれは諸刃の剣で、このような出来事が、たとえばフェミニズムを攻撃するなど、別のものに変化する可能性も考えられます。もちろん、規約に反していれば、です。しかし少なくとも、「差別動画などは問題だ」という社会的認識が高まり、それがYouTube等の規約とうまく合致すれば、それらを削除できることはわかりました。

ユニークなのは、「なんJ民」は旗印として、「総理のご意向」をあげているところです。

「総理のご意向」は加計学園問題で話題になったフレーズですが、どういうことかというと、安倍総理が国会で、ヘイトスピーチは「極めて残念」な行為であり「日本国の品格に関わる」と発言した。そのフレーズを、自民党にシンパシーを持つ自称愛国者たちに対して用いているんですね。

急増するシニア層の「ネトウヨ」

谷口　インターネットについては津田さん、チキさんがご専門なので、私は部落差別解消推進法についてお話しさせていただきます。まず、部落差別の問題を考える場合、必ず「寝た子を起こすな」論を言う人がいます。「部落差別について教えるから学ぶんだ。教えなかったら、そのうち消えて行くはずだ」と。こういう人に出会ったとき、「ほんとに無邪気な人やなぁ」と思ってしまいます。

そもそも、「寝ている子」なんているのでしょうか。「ネットで起こされている」と言いますが、その前にもう起きているのではないかと思っています。

だいたい子どもなんて、「もう寝なさい」と言われても、大人がコソコソしゃべっていれば、聞き耳立てて起きているわけです。ですから、本当は「無邪気に寝た子なんていない」ということが大前提だと思うんですよね。

それで、その「寝てない子」が、「大人のしゃべっていることがよく聞こえへん」と思ったときに、最近では周りの大人や同級生に聞くのではなく、インターネットで調べるようになったというだけの話だと思うんですよね。

そのときに、Wikipedia や Yahoo! 知恵袋に出ていることを、なぜあんなにも無邪気に信じるのかというと、やはり教育のなかでメディア・リテラシーが教えられていないという現状があるからです。

私たちは、ネットとともに育ってきたみたいなところがあって、私が学生時代の一九九五年ごろに、メールアドレスというものが初めて個人に割り当てられだしたんですよね。それで、「みんなでホワイトハウスにメールを書こう」という授業がありました。そのときに私も、自分のメールアドレスを大学からアカウントとしてもらい、三・五インチのフロッピーディスクをパソコンに入れて、ホワイトハウスへのメッセージ送信した覚えがあります。このように私たちの世代は、ネットの発展とともに育ってきているから、ネットのことについてはある程度はわかっています。

しかし、先ほどチキさんのあげた例で言うと、「よくわからへんけど、あの可愛いスピーカーに、『OK Google、なんか教えて』と聞けばちゃんと答えが出てくる」と無邪気に信じている高齢者というのが、ものすごく増えているのも事実だと思うんです。AIスピーカーでなくても、私の周りにいらっしゃる諸先輩方でさえ、「調べてみたら、『Yahoo!知恵袋』にはこう書いてあった」とか平気で言うんですよ。「あなた大人でしょ？　学生でもないのに、そんなもん何で信じんねん！」と思います。

その辺のおばちゃんが、「ちょっと知ってる？　あそこ部落のナントカらしいで」とかヒソヒソ話で言うてたら、「この人、何言うてんの？　アホちゃうか」と思ってたことが、ネットで書いてあったら「何で信じんのやろ？」みたいな。

そういう無邪気さと、ネットのような得体の知れないものに対して全幅の信頼を置いてしまう態度というのは、非常に問題だと思っています。「春のBANまつり」はおそらく若い世代の人たちがやっていたことだと思いますが、こうしたことを、六〇代や七〇代の人たちがネットリテラシーを身に付けていかないと、差別的なものであふれている日本のネット環境は変わっていかないのだと思っています。

荻上　BANまつりに参加した人たちの動機語りの一つに、「身内がネトウヨになって辛いから」というような証言がありました。要は、シルバー層で暇を持て余している男性などが、ネット上でどんどん右傾化してしまっている。久々に実家に帰ってその事実に直面し、危機意識を持ったというケースも多いようです。

津田　『ニューズウィーク』（二〇一八年一〇月三〇日号）で、「ケント・ギルバート現象」という特集が組まれていましたが、それによると、保守論壇の言論人になったケント・ギルバートさんの著書を一番買っているコア層——最頻値は六八歳だということが書かれていました。要するに、彼の本は高齢者が買い支えてベストセラーになっているわけです。衝撃的な事実ですよね。

谷口　少子高齢化社会のなかで、高齢層がどのようにメディア・リテラシーや人権といったものを学び直すことができるのか。そのことを検討しないと、なぜシルバー層がネトウヨ化していくのかという現象もわからないのではないかと思っています。

ネットの普及で顕在化する「晒し差別」の実態
――鳥取ループ・示現舎の部落差別

部落を暴き、晒す鳥取ループ・示現舎

川口　ネット情報のあり方や変化が、人々に様々な影響を与えることはある程度想像していましたが、それが若者たちだけでなく、シニア世代にまで及んでいるということは、私は見落としており、お話をうかがってハッとしました。

さて次に、部落差別の新しい形態について考えたいと思います。私は、「晒《さら》し差別」と言っています。つまり、部落の人たちが「暴き」「晒される」差別が起きています。

現在、全国五三〇〇カ所以上の被差別部落リスト（地域名、住所、戸数、人口、職業等）が掲載された「部落地名総鑑」がネット上で公開され、結婚差別や土地差別などの身元調査に悪用され、各地で被害が起きています。Twitter上では自動投稿設定システム（BOT）

を悪用し、毎分事に大阪府内の同和地区の住所が投稿され続け、何度削除しても、次々と投稿され続けていました。

また、「部落探訪」と称し、全国の被差別部落を回り、住宅や個人宅の表札・車のナンバー、商店、墓碑などを写真や動画で撮影し、住所や名字とともにネット上で晒しています。子どもたちや青年の顔が映っている動画投稿を二次利用しブログに掲載、当該保護者や関係者が削除要請をしても拒否され公開されています。

Google マップなどのネット上の地図が悪用され、全国の被差別部落の所在地が地図上にマッピングされています。Google マップを使ったことのある方もいらっしゃると思いますが、拡大していくと最後には「ストリートビュー」といって三六〇度、その地図の実際の画像がネット上で閲覧できます。その画像には、家や車なども全部写っています。僕もよくナビ代わりに使いますが、その便利な地図機能が「部落地名総鑑」のように悪用され、とんでもない状況を生み出しています。

さらに深刻なのは同和地区の所在地情報だけでなく、「部落人名総鑑」までが作成され、部落出身者の市町村別の名字リスト、解放運動関係者の自宅住所や電話番号、生年月日などの個人情報リストまでが作成され、ネット上に晒されています。私は愛媛県宇和島市に

図表３　「部落探訪」の画面キャプチャ

図表４　google マップによる被差別部落の所在地

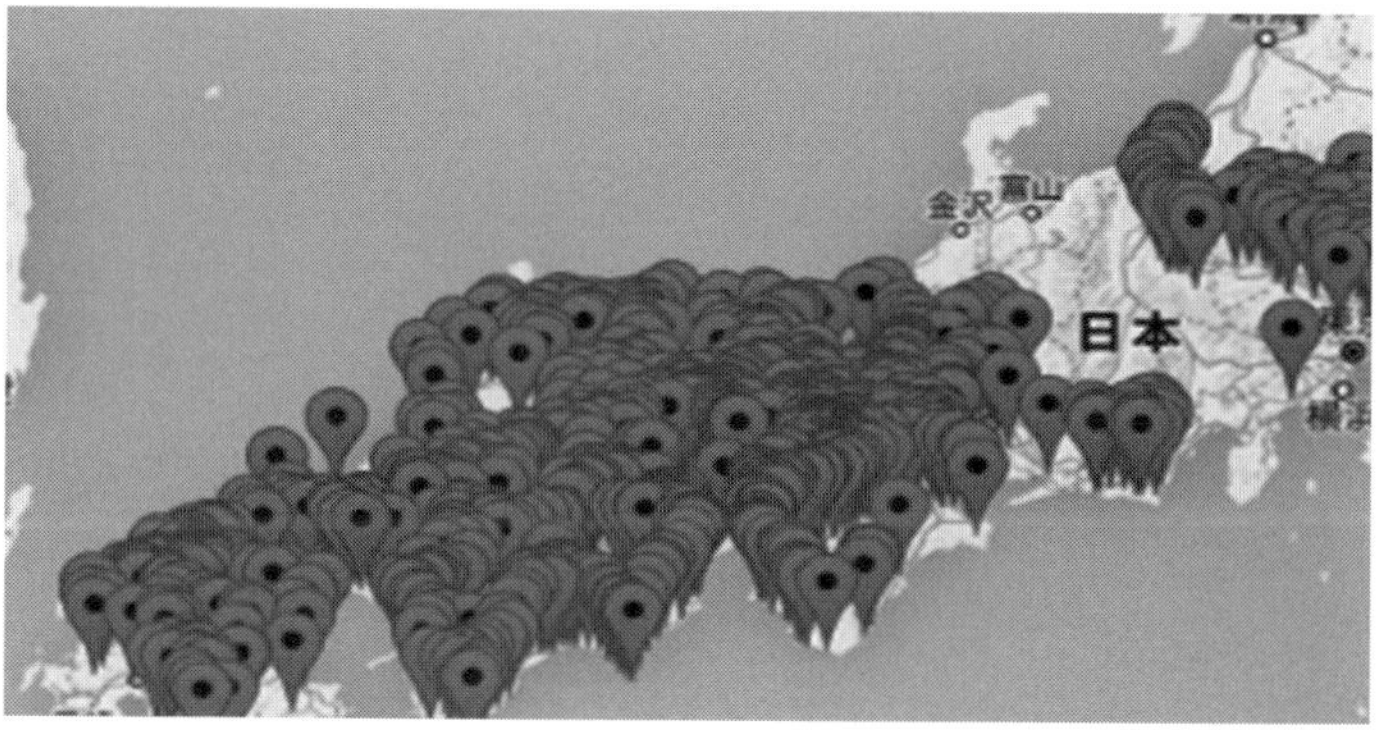

ある被差別部落の出身者ですが、そこには私の苗字も書かれています。

これらの、同和地区一覧リストや部落出身者リストが「同和地区Wiki」（ミラーサイト含む）にまとめられ続け、ネット上で「部落」「同和地区」で検索をすると、それが上位に表示される状況です。

確信犯の鳥取ループ・示現舎

川口　このように、ネット上に同和地区の所在地情報を意図的に晒して、拡散し続けてきた中心人物が鳥取ループ・示現舎のMです。「鳥取ループ」とはブログ名（管理人・M）であり、「示現舎」とはMが共同代表をつとめる出版社（社員二名）です。

鳥取ループ（代表・M）は二〇〇五年ごろからブログを立ち上げ、「同和問題のタブーをおちょくる」として、行政に対して同和地区の所在地情報を開示請求し、得たい情報が非開示となると裁判を起こし、同時にネットで公開を繰り返してきた確信犯です。

二〇一五年、Mが東京都内の大学図書館で『全国部落調査』（写真1）を発見しました。『全国部落調査』とは、一九三五年に政府の外郭団体である財団法人中央融和事業協会が全国の部落の実態調査を行った報告書です。五三〇〇カ所の部落の地名や人口、戸数、職

図表５　「同和地区 Wiki」の画面キャプチャ

【大阪府】　昭和十年三月現在　「同和地区Wiki」開設

部落所在地	部落名	戸数	人口	主業／副業	生活程度	現在地
三島郡 吹田町	[redacted]	63	270	日傭／下駄職	中	吹田市 [redacted]
三島郡 高槻町	[redacted]	57	140	農業／日傭	下	高槻市 [redacted]
三島郡 島本村	[redacted]	49	306	農業／藁細工	下	三島郡 島本町 [redacted]
三島郡 鳥飼村	[redacted]	17	92	商業／農業	下	摂津市 [redacted]

図表６　晒された私の住所と苗字

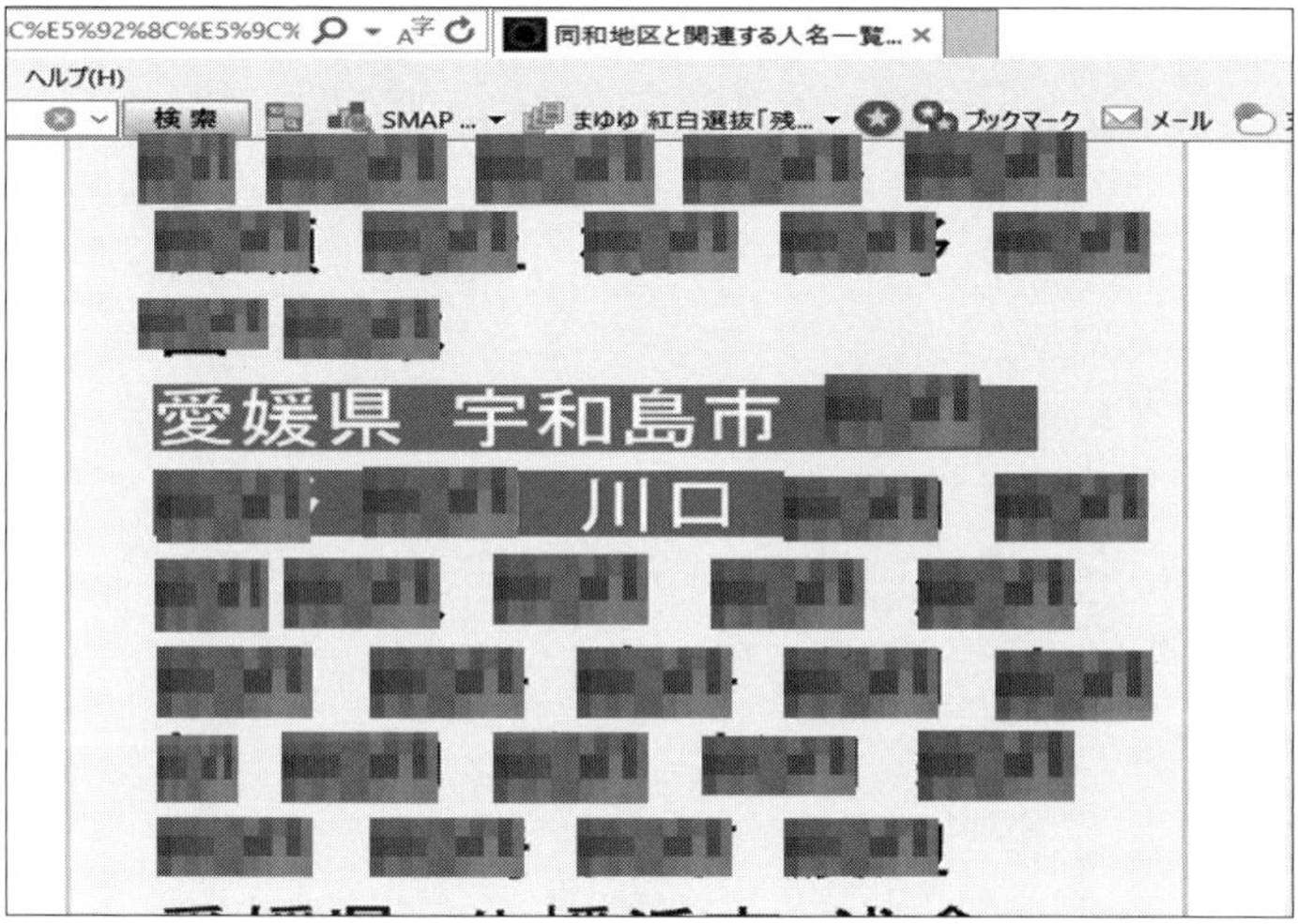

写真１　『全國部落調査』原本

業、生活程度などが記されており、表紙には「㊙」と書かれています。戦後、この報告書が探偵社・興信所に悪用されて「部落地名総鑑」が作成・販売され「部落地名総鑑の原点」と言われた本です。

一九七五年に発覚した「部落地名総鑑」差別事件では、法務省が一〇年かけて企業などから六六三冊を回収しました。現在までに一〇種類が確認されており、三〇〇〇社以上の企業や調査会社などが就職や結婚の際の身元調査の目的で購入していました。

Mは、『全国部落調査』に掲載された当時の部落の所在地を現在の住所に修正・編集し直して、二〇一五年の年末、「全国の部落を特定しよう」と呼びかけ、「同和地区Wiki」（管理人はM）に掲載しました。「同和地区Wiki」は二〇一二年、Mが開設したサイトです。「同和地区Wiki」と呼ばれるこのサイトは、Wikipedia方式を使って、閲覧者がどんどん追記するシステムになっています。差別をする場を提供し、そこに、より過激な差別者

図表7　Amazonで販売された『全国部落調査・復刻版』

や、「苗字マニア」「地図マニア」のような様々な人たちがアクセスし作り上げていく、いわゆるプラットフォーム型の差別扇動装置を作りました。

『全国部落調査・復刻版』出版事件

川口　そして次に、Mは『全国部落調査・復刻版』を出版しようとし、二〇一六年二月に通販サイトAmazonで予約受付を開始しました。部落解放同盟をはじめ多くの人がAmazonに抗議し、取引中止となりました。しかし、Mはその後も出版を諦めなかったために、二〇一六年三月に部落解放同盟が裁判所に出版禁止とネット掲載禁止の仮処分を求めたのに対し仮処分決定が下され、出版禁止と「同和地区Wiki」の削除が行われました。

しかし、その間に鳥取ループは示現舎のブログにおいて、出版予定だった『復刻版』のデータを無料でネット公開し、拡散を扇りました。さらには、キンドル版（電子図書）や個人で印刷・製本できる方法までも提示し、『部落地名総鑑』の出版を呼びかけました。その結果、現在、「同和地区Wiki」のコピーサイトが多数作成され、無料でバラまかれたデータをもとに『復刻版』の類似書籍がオークションサイトで販売され、差別身元調査等に利用されている状況が続いています。

部落解放同盟と個人情報を無断で公開された解放同盟員（計二四七人）は二〇一六年四月、『全国部落調査・復刻版』の出版禁止と「同和地区Wiki」のウェブ削除、損害賠償を求めて、示現舎の共同代表Mら二名を東京地裁に提訴しました。

「ネットの電話帳」で部落民リストを作成

川口　二〇一六年四月に裁判所からの仮処分決定により削除命令が出された「同和地区Wiki」には、解放運動関係者の名前や住所・電話番号等の個人情報リスト（「部落解放同

図表８　無断で公開された「部落解放同盟関係人物一覧（山口県連）」

[redacted]	名誉顧問	山口県萩市[redacted]	0838-[redacted]
[redacted]	副委員長	山口県徳山市[redacted]	0834-[redacted]
[redacted]	財務委員長、萩支部長	山口県萩市[redacted]3区4663	0838-[redacted]
[redacted]	会計監査	山口県宇部市[redacted]	0836-[redacted]
[redacted]	会計監査	山口県宇部市[redacted]	0836-[redacted]
[redacted]	執行委員、柳井支部長	山口県柳井市[redacted]	TEL0820-[redacted]
[redacted]	執行委員	山口県柳井市[redacted]	0820-[redacted]
[redacted]	執行委員	山口県徳山市[redacted]	0834-[redacted]
[redacted]	執行委員	山口県下松市[redacted]	0833-[redacted]
[redacted]	執行委員	山口県山陽小野田市[redacted]	0836-[redacted]
[redacted]		山口県山口市[redacted]	083-[redacted]

盟関係人物一覧」）や全国市町村別の部落出身者の苗字リスト（一万人以上、「同和地区と関係する人物一覧」）が作成されていました。これらはMが作った「ネットの電話帳」（旧「住所でポン！」）を利用して作成されていました。

「ネットの電話帳」とは、ＮＴＴが刊行している電話帳を北海道から沖縄までの個人情報を一つのアプリに放り込んでおり、住所検索やキーワード検索をもとに、個人名や電話番号が調べられます。Ｍはこれを『全国部落調査・復刻版』とセットで公開しています。身元調査をしたい相手の名前や住所を入力し、『全国部落調査・復刻版』と照合することで、同和地区関係者かどうかを確認します。

ちなみに、「部落解放同盟関係人物一覧」（現在

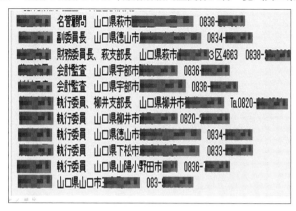

はコピーサイト）などには、どんどん情報が増えています。活動家だけでなく、解放運動に関わった人なども晒されています。人によっては、携帯番号やメールアドレス、あるいは生年月日まで、ありとあらゆるものが晒されていました。私自身も様々な誹謗中傷の記事が大量に書かれており、日々更新され続けて、現在ではすごいボリュームになっています。

荻上　僕の名前も出てきますよね。

川口　一回ゲストで来たり、研究会に呼ばれただけで、もう晒されてしまいます。

荻上　書かれていることは、結構間違っているんですけど、それが意図的なのかどうかはわかりません。

川口　「部落解放同盟関係人物一覧」などには、その個人に対する誹謗中傷やデマも、あたかもそれが事実であるかのように扱われています。それに対し、部落解放同盟が訴訟を起こした結果、裁判所から出版禁止の仮処分決定が下されました。しかし彼らは、出版禁止の命令が出たにもかかわらずそのデータをネットにバラまくなど、悪質なことをしています。たとえば、その書籍をＰＤＦファイルにして、外部からの要請では削除できない海外の図書館に収蔵させるなど、確信犯的な行為を続けているのです。

示現舎のブログや「同和地区Wiki」（ミラーサイト含む）は、アフィリエイトという広告のシステムを使っているので、サイトへのアクセス数が増えれば増えるほど、彼らに広告収入が入ってくる仕組みになっています。国会で話題になったときは、一日一〇万アクセスでした。これって多い方なんですか？

荻上　個人サイトとしては多いけど、それだけではビジネスにはならないですね。

鳥取ループに対する裁判闘争

川口　今、部落解放同盟がMを相手取り、原告一名につき一〇〇万円の損害賠償を求める民事訴訟を起こしています。ただ、この訴訟が非常に厳しいのは、原告の陳述書や準備書面（裁判所に提出した訴訟資料一式）を、Mが全部ネットで公開していくんです。陳述書には、原告本人の生い立ちや本籍、出身部落、あるいは自分がいったいどんな差別受けてきたかなど、今まで家族や友人にも話したことないような内容が、裁判官に部落差別の実態を知ってもらうために記されています。それをMはネットに晒すわけです。陳述書は当初全てネットに公開していました。解放同盟が裁判所に公開しないよう要請しましたが、現在は「裁判に関心のある人だけに渡しているので、不特定多数の人間に渡しているわけではない」と言って、希望者にのみ渡し始めました。

しかし、原告の陳述書が誰かに渡れば、それはそこからフリーで流れていくことになるわけです。このように、陳述書を書くにもそういったリスクを覚悟で書かなければならず、その結果、家族や身内のこと、他人に知られたくない被差別経験などについて書くことを断念せざるえない状況もあります。このような非常に厳しい状況で裁判が闘われています。

「アウティング」と「カミングアウト」は違う！

川口 Mは、「部落差別は、もうたいしたことない」「だから、同和地区を明らかにしても深刻な差別なんか起きない」「当事者だって、カミングアウトや部落民宣言をしてきたではないか」「解放同盟の書籍や部落史の本でも地名が書かれているではないか」「我々はそれと同じことをしているだけだ。何でそれがだめなんだ」と主張しています。まず、「同和問題のタブーをおちょくる」といってスタートしたMの一〇年以上にわたる数々の差別行為を改めて確認する必要があります。国や裁判所から何度も彼らの行為が「部落差別を助長・誘発する行為だからやめろ」と説示等をされても、それを無視し続け、部落や部落出身者の個人情報をネット上に晒し続けてきました。裁判で負けるたびに、「どこまでだったらアウトなのか」「では、〇〇だったらどうなるか」とボーダーラインを確かめながら、部落の人たちを使って、自身の「部落研究」の実験を続けてきました。

　そして、そこで生じる差別や被害に対して全く責任を取ろうとしません。『復刻版』裁判の第一回口頭弁論後の記者会見（二〇一六年七月）で、Mは「全国部落調査がネットに出たのが今年の一月五日なんで、そんな深刻な問題だったら、結婚差別で自殺者の一人や二人でも出てるかと思った」と発言し、「全国部落調査で人は死んでないし、魂も壊れていないので、全国部落調査の復刻は差別ではないということを証明するものであろう」（二〇一九年五月二九日）と自身のTwitterにも繰り返し投稿しています。

　自分がバラまいた情報で、結婚差別を受け、部落出身者が自死することがあっても、なんとも思わない。部落の人たちの命や尊厳をまるで実験道具の「モノ」扱い。私は彼の差別的好奇心、社会実験のために、部落の人たちが人体実験をされていると感じ、底知れぬ恐ろしさと怒りを覚えました。

　本人が自分の出自を「名乗る」か「名乗らない」かは、本人に選択する権利（自己情報コントロール権）があります。しかし、他者によって「本人の同意」なく、勝手に「暴き」「晒す」行為は、明らかなプライバシー侵害であり、「アウティング」と言います。同じ「事実を顕在化」させるという行為でも、全く意味が違います。

部落差別が現存する社会において、同和地区を特定するために作成された『全国部落調査・復刻版』を不特定多数の人が見るインターネット上に公開することや、「こいつが部落民だ」と晒すことは、部落差別を誘発する危険な行為であり、プライバシー侵害です。私は、Mの行っている行為は差別扇動だと思っています。

しかし、くやしいですけど、彼らはネットでの身元調査を可能にしてしまいました。一〇〇年にわたる水平運動、解放運動、身元調査規制の運動、そして、同和行政の半世紀に及ぶこの成果を一瞬にして破壊したんです。ネットパワーによって、一瞬にして破壊されたと。いよいよこれは大変だと、部落差別解消推進法の大きな立法事実として、国が法制定の必要性を認めました。

深刻化する被害の実態

川口　『全国部落調査・復刻版』がネット上にバラまかれ、誰でも気軽に閲覧できるようになったことで、現実社会では様々な被害が出始めています。以前は行政の窓口に、「〇〇は同和地区か？」などという問い合わせが多かったのですが、最近はそれが変わってきていて、「ネットに○○は同和地区であると書いてあったが、それは本当か？」という問い合わせが増えてきています。引っ越し先でたまたま住所検索すると『全国部落調査・復刻版』にヒットし、それを見て市役所に問い合わせてきたケースもありました。

あと、エゴサーチで自分が部落出身であることを知る子どもや若者たちもいます。先日、関西の高校に講演に行きました。講演が終わったあと、ある生徒から相談がありました。「私は以前、鳥取ループがバラまいた『全国部落調査・復刻版』（同和地区 Wiki・ミラーサイト）を偶然、見てしまいました。そこに、自分の住んでいる地域が同和地区であると書かれていました。でも、親には言えず、ずっと悩んでいました」と。その地域には部落解放同盟や隣保館もなく身近に相談できる人もいなくて、その生徒はずっと一人で悩みを抱えていたわけです。

別のケースでは、祖父の家の住所をネットで調べたら、偶然、同和地区 Wiki を見て祖父・親が部落出身、自分も部落にルーツがあることを知り、一人で悩んでいた青年からの相談を受けました。部落外に住んでいたり、周りに相談できる人がいなく、悩んでいる人へのフォローや相談体制の充実なども、今後の課題になってきています。

また、教育現場では学生たちが部落問題について Wikipedia などのデマ情報をもとに調べ学習して発表してしまうという問題も起こっています。

そして、差別投稿の閲覧被害もあります。差別投稿が放置され続けることで、当事者が偶然でも差別動画や差別投稿を閲覧してしまうと、傷付きます。差別書き込みは、一〇〇件あっても当事者は一つずつに傷付きます。こうした「閲覧ダメージ」についても考える必要があると思います。「世間は部落をこんなふうに見ているんだ」と思うと、どんどん声を上げられなくなってしまいます。こうした当事者の心理的ダメージについても考えていく必要があると思っています。

あと、解放運動関係者の個人情報などがネット上に公開されることで、個人に対する嫌がらせや攻撃などがエスカレートしていきます。二〇一七年の正月、私の自宅に、差別ハガキ（写真2）が届きました。そこには、手書きで「エタ死ね」と書かれていました。小学生の娘が発見し、上のお姉ちゃんも一緒に見ました。家族みんながショックを受けました。

部落解放同盟の事務所などにも悪質な差別投書などがどんどん届いてきているほか、二〇一七年に解放同盟三重県連にはアイスピック入りの差別投書が送られたり、組坂繁之委員長の自宅にもこのようなカッターナイフ入りの差別投書（写真3）が届いて手を切っ

写真２　自宅に送られた差別ハガキ

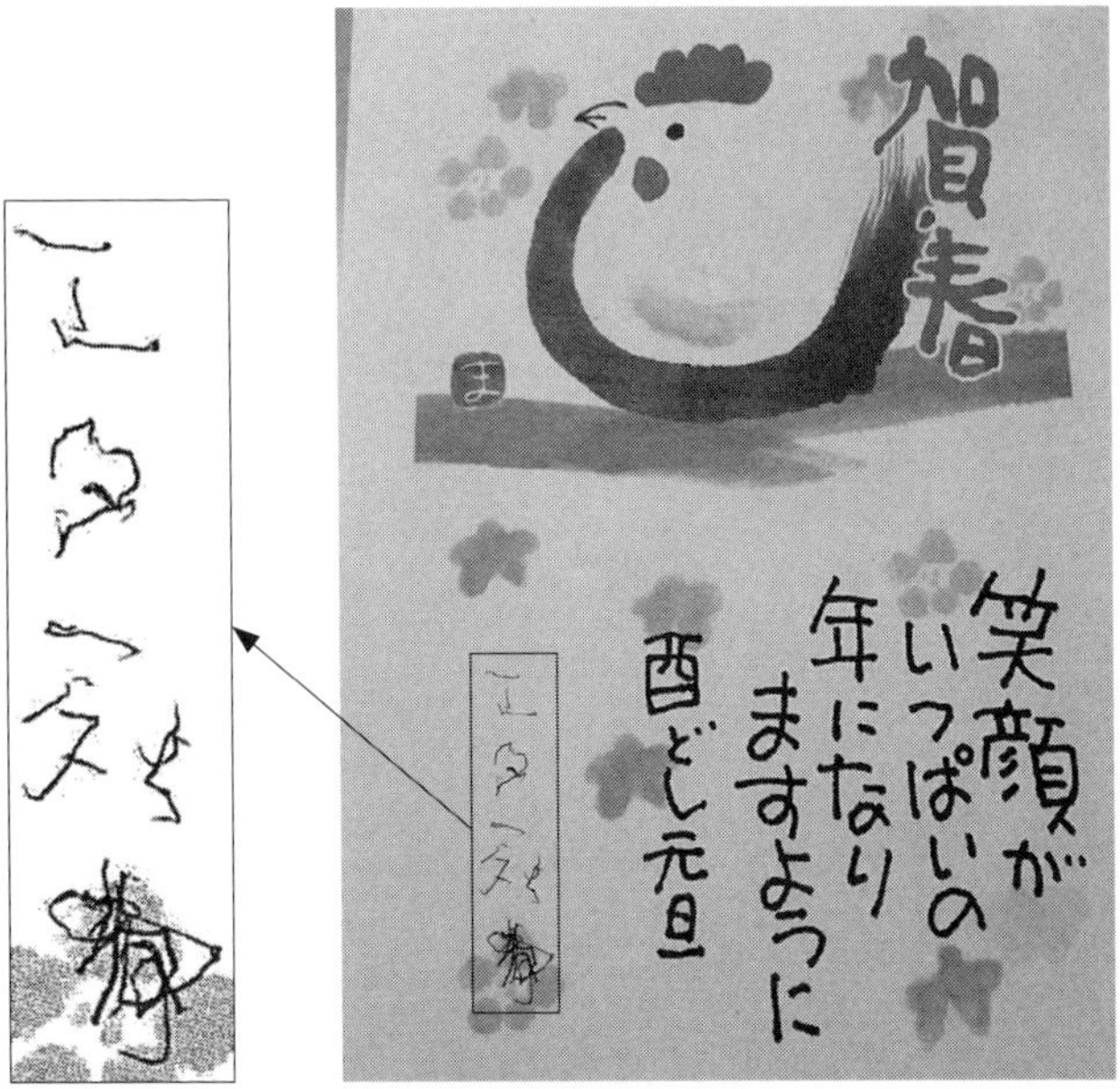

てしまう被害がありました。

「鳥取ループ事件」で問われているもの

川口　この鳥取ループの事件で問われているのは、日本のネット社会におけるプライバシー権、個人情報保護に関する法の不備、あるいは行政の不作為でもあります。これまで現実社会で規制してきたはずの身元調査や部落差別に直結するセンシティブ情報がネット上では平気で暴かれ晒されても、現行法では止めることができません。

写真３　組坂委員長宅に送られたカッターナイフ入り差別投書

したがって、私たちが裁判に勝利し、個人情報がネットで暴かれ晒されない社会の仕組みや法の整備を推し進めていくことは、日本の人権基準を大きく前進させることにつながります。

そういう意味では、「部落の人たちの裁判」というだけではなくて、日本のネット社会における個人情報保護やプライバシーのあり方にまで視野を広げ、この事件の教訓を政策の課題にしていく必要があるのではないかと思っています。

「メディア・リテラシー」ではヘイトは防げない

スマホの操作に長けていればヘイトは防げるのか？

荻上　メディア論を研究している立場からすると、「リテラシーのことをあまり信じないでほしい」と思うんですね。リテラシー教育の重要さを語るときに、まずは「リテラシー教育は万能じゃないよ」ということを言っておきたいです。

九〇年代くらいまでは、メディア論は、「個人のリテラシーをある段階まで積極的に高めていきましょう」という言い方をしていました。これは、「国の宣伝や企業の宣伝に騙されない、賢い市民を作ろう」というモデルでした。

しかしネット社会になった今、メディア論としては「リテラシーモデルは通用しない」という前提のもとで、議論を振り返っている段階です。リテラシーはもともと「識字能力」

という意味です。そして識字能力には二つの能力があり、一つが「形式的な識字能力」、そしてもう一つが「機能的な識字能力」です。つまり、「字を読むことができるかどうか」が「形式的な識字能力」で、「その内容を理解できるかどうか」が「機能的な識字能力」です。したがって、リテラシーと一言で言っても、実際にはこの形式的能力と機能的能力はずれているので、そこについての調査も必要になってきているわけです。

たとえば法律の論文を読んだ場合、文字は読めるけれどもその意味がわかりません、ということはよくあります。つまり、機能的識字能力を身に付けるためには、専門知や理性、あるいは社会性など、いろいろなものが問われてくることになります。

しかし、ことネットリテラシーの話になると、いきなりこれがワンセットになってしまい、「リテラシーを身に付ければ、デマやフェイクを鵜呑みにしないはずだ」とか、「差別的な情報を発信しないはずだ」となってしまうわけです。それは無理な話です。

たとえば、僕が今日、家に帰って憲法についてのツイートを一〇個くらいしたとしましょう。たぶんそのなかの九個くらいは間違った情報を発信してしまうはずです。もしかしたら一〇個全部に突っ込みがくるかもしれません。なぜなら、僕は憲法についてのリテラシーがほとんどないため、専門知から見ると、突っ込みどころが満載のツイートになってしまうわけです。

つまり、「デマを見極めろ」と言ったとしても、「じゃあ、科学分野のデマをあなたは見極められるんですか」、あるいは「行ったことのない国のデマを見極められるんですか」ということになります。リテラシーだけではデマに対してはほぼ無力です。

ネットの話でいうと、先ほどの形式的なリテラシーというのは、たとえば「キーボードでタイピングができる」「Google 検索ができる」「スマホが操作できる」という能力のことですが、リテラシー教育によって仮にそれができるようになったとしても、ことの真偽を見極める能力を養うことはできません。つまり、リテラシー教育では、事前にデマやヘイトを防ぐことは不可能なわけです。

よく、若者はデジタルネイティブだからネットを自然と使いこなせる、などと言いますが、それはあくまで技術的操作の話、つまり形式的なリテラシーです。若いアルバイトとかが職場でふざけた動画をアップして炎上するように、技術を使えることと、社会水準で見て適切な振る舞いができるかは別問題です。デマや差別でもそうなのです。

デマを見極めるには人権教育や社会性の習得が重要

荻上　デマを見極めるための機能的なリテラシーを身に付けるには、人権教育や社会性の習得など、個別な専門教育が必要です。個別具体的な問題を事前に教え、差別についての知見を身に付けておくことによって、そうしたものに対する耐性を養わなければなりません。

たとえばデマの分野でいうならば、あらかじめデマの傾向を類型化しておけば、新しいデマが再生産されたとしても、どのパターンに当てはまるのかを見てみれば、「これはもしかしてデマなんじゃない？」と気付くようになり、それがデマ対策になるのです。たとえば、災害時には必ず、「中国人らしき窃盗団が今、被災地を跋扈《ばっこ》しています」というような外国人差別のデマが流布されます。そうしたものに対して、我々がすぐにそれがデマだとわかるのは、関東大震災や東日本大震災の際のデマのことを経験として知っているからです。僕はそれを「流言ワクチン」と言っています。したがって、「私たちの社会はデマを信じてこんな失敗をしました。同じことを繰り返さないように、かつてこうしたデマがあったことに学びましょう」と、失敗体験をシミュレーションすることでワクチン接種ができ、デマに感染しないで対応することができるのです。

また、初めてネットに流布されるニュースに対しても、無警戒に真実だと受け止めるのではなく、それが真実かフェイクなのかがわかるまでは、判断を留保するという態度を学習して体得することも重要です。

差別する側もメディア・リテラシーは身に付けている

荻上　逆の言い方をすれば、ネットでいろいろ調べて「部落は怖い」という結論にたどり着く人たちは、リテラシーを発揮して勤勉に学び、そして差別者になってしまうわけです。つまり、一生懸命学習した結果、愚かになっていくわけです。努力してバカになる、勤勉に愚者になる、というのは、陰謀論などではよく起こることです。こうした現状を考えてみると、ネット上の問題にリテラシーで対応することは無理なんですね。なぜなら彼ら／彼女らは、基本的には、すでにリテラシーを持っているからです。

環境改善の観点から、そもそもそういった情報にアクセスしうるほかの第三者というものを減らすためにはどうすればいいのかが重要です。それは、環境改善、情報環境への向き合い方へ着地する。みんなでネットのリテラシーを高めましょう、という話ではなくて、個別具体的な事例を共有していきながら、人権意識を高めつつ、様々な情報をチェックし、対応、応答していくというところに着地していくのかなと思います。

人権は教育によってしか体得できない

谷口 なるほど。チキさんがおっしゃるとおりで、私が言う「メディア・リテラシー」というのは、「読み解く力」なんですよね。結局、チキさんの言う「機能的なリテラシーがないとだめ」という話なのですが、それは、今おっしゃっていたように、ほかの専門知や社会性、あるいは倫理なども大事なのですが、私は結局、人権教育がとても大事だと思っています。したがって、メディア・リテラシーの話をするときに、人権教育のこともセットで話されなければならないと思っています。

ところが現在、人権教育や人権というものが非常にないがしろにされている現実があります。「人権っていったら、なんでも許してもらえるんでしょ」という風潮になっていること自体が大きな問題です。「じゃあ、あなたには人権がないんですか」「あなたの人権はどんなものなんですか」と聞いたときに、「私にはこんな権利がある」というような答えが出てこないんですよ。企業の研修であれ、自治体の研修であれ、いろんなところに行って、「じゃあ皆さん、人権ってありますか」と聞くと、「あります」「持っています」とは

答えます。しかし、「じゃあ見せてください」と言うと、「人権って、そういうもんちゃいますやん」みたいに返されてしまうのです。
ところが、アメリカやヨーロッパの小学校に行って同じことを聞くと、「私には、宗教の自由があります」などと小学生が答えるわけです。日本とは全く違います。日本の教育現場では、人権教育が形式的、抽象的にしか教えられてきませんでした。そのため、考えたり判断を留保する余地もなくなってしまい、ハンドルを右にきった瞬間に、極端に右に曲がってしまうわけなんです。こうした社会構成に、ネットがある意味で相乗効果を発揮しているのだと思います。
人権というものは、教育を受けることによってしか理解することはできません。人権教育をしなくて、人権を理解するということはありえないんですよね。だから、「勤勉に愚かになっている」人たちがいるのであれば、「勤勉に賢くなる」方法を考えなければなりません。人間は一人では暮らしていくことができないので、社会を構成しています。したがって、自分以外の人間とどう共存共栄していくかを考えたときに、「自分が大切にされたいなら、他人も大切にせなあかんよね」と考えなければならないはずです。こうした当たり前のことですら、学習からでしか体得できません。人権教育をないがしろにしない。それも個別具体的な人権教育をしないといけない。

そもそも誰もが、ジェンダーのことであれ、ネットのことであれ、部落のことであれ、障害者のことであれ、外国人のことであれ、あまりにも無知なのです。だから、大人になっているにもかかわらず、「えっ？　そんなことも知らんで大きくなったん？」みたいなことが起こるわけです。「寝た子を起こすなって言われたから学んでこなかった」「そんなところまで踏み込んで学ばなかった」ということが、結果的に、多くの高年齢層のネトウヨを生み出す結果になったんじゃないかなと思っています。人権教育をちゃんと受けてきた方なら、ネットがどれほどのものであったとしても、そこまで揺らぐことはないはずです。そこが揺らいでしまうというのは、「そもそもの軸がない」ということです。「人権という主軸」を自分の身体のなかに体幹として身に付けておかないかぎりは、「何をやっても無理やなぁ」ということは感じました。

当事者意識を持って差別をどう学ぶのか

荻上　このあとたぶん、結婚差別の話が出てくると思いますが、「じゃあ、なぜ結婚差別が起こるのか」を考えたときに、その背景には家父長制やジェンダー差別などがあり、「うちに来る嫁を査定してやろう」「結婚とは、親が口を出すことで理想の家を構築させるものだ」という、また別の人権意識に対する軽薄さというのがありますよね。

僕は大学で行ってきた文学研究のなかで、「何が描かれてこなかったのか」あるいは「何が描かれてしまい、人々の偏見を再生産してしまったのか」について学び、ようやく社会的コードを読み解く技法が身体化されてきたことがありました。そうしたものが抜けてしまうと、たとえば部落差別の問題に対してすごく熱心にがんばってる人が、飲み会でちょっとジェンダー・バイアス的な発言をしてしまうことも、ケースとしては考えられるのではないでしょうか。すごくおおざっぱな言い方ですが、そういったことはありますよね。

谷口　人権活動家がセクハラするのは日常的な光景です。よかった。チキさんに同意していただいて。だから、ある種の人権にはものすごく繊細かもしれないけど、ほかのことに対しては、無頓着、鈍感ということはよくある話です。じゃあ、女性の権利やってて、障害のある方のことはよくわかってるかっていうとそうでもない、じゃあ、学ばなしゃあないと思うよね。

荻上　普遍を学びつつ個別を学ばないと、応用が効かないですよね。人権教育を受けていた後に、「差別やで」って言われたら、ハッと気付く度合いっていうか、センシティブなセンサー度合いがちょっと変わったりする構え。「差別するのは恥ずかしい」だけ学んで、「自分のは差別ではない」と否定するのではなくね。入口は別の差別でも、ある種普遍性も同時に学びながら、それは同じ差別じゃないって言われたときに、ハッとできるか居直るか。

「新しい差別」を生み出しているもの

高校生のアンケート調査から見えてくるもの

津田　社会学者の友枝敏雄さん（大阪大学教員）の書かれた『リスク社会を生きる若者たち――高校生の意識調査から』（大阪大学出版会、二〇一五年）では、高校生を対象に、同じ質問を軸に定点調査してるんですよね。「日本の文化伝統はほかの文化より優れていると思うか」という質問に対して、二〇〇一年時点の高校生では、「そう思う」とした人が二九・六%と、約三割程度しかいませんでした。それが二〇〇七年では三八・七%、そして二〇一三年の最新調査では、五五・七%に増えているんですね。

もう一つの質問として、「太平洋戦争の件で日本は謝罪すべきだと思うか」という質問についても、「謝罪すべき」だと答えた生徒は、二〇〇一年で六四・五%、二〇〇七年で四九・七％、そして二〇一三年では三九・六％にまで減っています。このように、高校生の意識には、時代を追って非常に明確な違いが出てきています。

実は、僕が一番衝撃だったのが、「校則を守ることは当然と思うか」という質問に対して、「当然だ」と答えた生徒が、二〇〇一年で六八・三％、そして二〇一三年には八七・九％にまで上がったことでした。今の高校生は九割校則に対して不満がない、ということですから。これは自分たちが置かれている状況がどんなに不条理なものであってもそれに違和感を持てないということでもあります。

僕は制服や校則が一切ないリベラルな高校に行ったので、よりこのことが異様な状況であるように感じます。先ほどの話ともつながりますが、こうした変化が起きた背景には、教育政策の変更があるんだろうと。教育基本法の「改正」は、第一次安倍政権時代の二〇〇六年にあり、この改定によって愛国心教育が現場に盛り込まれました。友枝さんの調査を見ると、それが徐々に効果を上げ始めているのではないかと思います。

一方で今、我々のようなジャーナリストがたいへん厳しい立場に置かれています。もちろんこれは我々にも原因はあって、マスメディアの悪いところが可視化された結果、信頼を失ってしまっているということなんでしょう。本来であれば、社会の木鐸《ぼくたく》として権力を監視し、ゲートキーパーとしての役割を担うのがマスコミの使命でした。しかし、ネットの発展に伴い、マスメディアは「ゲートキーパーとして不適格だ。俺たちがゲートキーパーの役割を果たしてやる」とネットから中指を突き付けられている。

このことは、公の場で差別を公言するような人間が増えたことと無関係ではありません。

「ルールを疑わない」若者たち

津田　他方で気になるのが、若い人が沖縄の歴史を学ばなくなっており、沖縄に対して非常に否定的になっていることです。そして、その合わせ鏡のような現象として、沖縄の平和教育が形骸化していることもよく言われています。これは、谷口さんの「人権教育は重要」という話と、一緒に考えていかなければならない話だと思っています。

人権の普遍的な価値を伝えていくのは重要ですが、人権の普遍的価値を教育現場で教えることには限界があります。そしてそれについて、権力者が本気で関与すれば、その内容は簡単に変わってしまう危険があるということですね。つまり、今の若者はデータで見るかぎり「校則を疑わない」素直な人たちが多い。その価値観から見れば、辺野古の反対運動は全く理解不可能な出来事に映る。「だって、道路不法占拠してやってるんでしょ。基地に反対するのはいいけど、法律は守りなよ」という理解になってしまうわけですね。「ルールを守るのは重要」という価値観は、モラルハザードを起こさないという点では評価できますが、ルールそのものがおかしかった場合に、それを変えることが困難になる。ルールや常識そのものを疑う、いわゆる「クリティカルシンキング」が身に付いていない状況が出てきているわけです。おそらくこれは、今日のテーマである、差別問題がネットを通じて広がっている現象にも通底する話です。このあたりを踏まえて対策を考えていかなければならないと思っています。

「今の秩序を問い直すこと」を教えない学校現場

荻上　僕も校則の調査をしていますが、この二〇〜三〇年で校則がずいぶんと厳しくなっていることをご存知でしょうか。一九八〇年代は管理教育が問われた時代でした。「あの時期の校則は厳しかったなぁ」と思い出す方も多いと思いますが、今の方が校則は厳しくなってるんです。統計をとると、頭髪指導を受けた人たちの数は、八〇年代当時よりも今の方が数が増えています。また今は、学校が細かな項目にまで口を出すようになっており、スカートの長さから下着の色、靴下の色、あるいは普段持っているカバンの色にいたるまで、非常に細かいところにチェックが入るようになっています。「下着の色のチェックってセクハラじゃん！」と普通は思うのですが、そうしたことをチェックして中学生らしい格好をさせることが当たり前の指導として、現場で行われているわけです。

そういったなかで、大きな教育の話も必要ですが、一方で身近なレベルにある教育の問題も重要です。徹底的な管理教育のもとに、「校則から逸脱するのはアウト」というような、秩序をベースとした教育をするために、権力から自由になるための権利を軸として、教育をすることがなかなかなされない。そうすると、「その秩序はおかしくないか？」と、権利を要求し追求することが、難しい状況になってしまいます。我々は誰しもが自然に権利を持っており、それをいったん国家に預けてるわけです。しかし日本ではこういう議論がなかなかなされず、学校でも教えてこられなかった状況があるのです。

「権利を主張するヤツは叩け！」——跋扈《ばっこ》するニューレイシズム

荻上　一方で、学校で教えられなかったことを、あとで自分で学ぶという形でネット情報から誤った知識をインプットした場合、「何かを攻撃する」という仕方を身に付けてしまいます。つまり、「私たちは権利を主張することが重要なのだ」なのではなくて、「権利を主張しているヤツは叩いていいんだ」という形になっていくわけです。これを現代的レイシズム（ニューレイシズム）というわけです。

ニューレイシズムというのは、もともとは黒人差別をめぐるアメリカの議論のなかから生まれた概念です。その概念というのは、「もう黒人差別は存在しないいんだ。しかし、黒人団体は、黒人差別があったという過去の事実をもとにいろいろな運動をした結果、既得権益を得て不当な利益を上げている。その結果、我々白人などが損をして生きづらくなっている」というものです。つまり、「もう差別がないにもかかわらず、差別があることにして、得しているヤツがいるのだから、それに対して私たちは抗議してるんだ」という主張が、ニューレイシズムなわけです。

これって既視感があるじゃないですか。まさに、日本の部落問題でもそうですし、セクハラの問題でもそうです。たとえば、「かつては男女差別があったけれども、今は女性差別はない。それにもかかわらず、フェミニストたちはまだ女性差別があるかのように、細かなことにまで文句を言って、私たちの日常を息苦しくしている」という論法で、「自分たちは差別主義者ではない。行き過ぎている権利主義者の行為について抗議しているんだ」という形になっているのです。これは、差別をすれば糾弾されるので、それは怖いし、良くないことだと思っています。しかし、「自分はそうではないんだ。あくまでも行き過ぎている問題点だけを追及しているだけなんだ」という形で批判しているんですね。

また、このニューレイシズムの問題には、今言った「もう差別はない」という現状認識の問題のほかに、「認知的なレイシズム」という問題もあります。これまでの差別は、「部落がきらいだから」「女性がきらいだから」という感情的な差別の分析が主流でした。しかし最近では、ネットで調べた結果、「女性はこうらしい」「部落にはこんな問題がある」「黒人はこういう傾向を持っている」という、間違った認知が差別を生んでしまう「認知的なレイシズム」の問題が指摘されています。

これに対しては、ネット上で単純に接触できる情報の環境を改善することが重要です。ネットの情報に影響されてしまう人は、これまでそのテーマについて触れなさ過ぎるので、初めて触れたものに染まってしまうということがあるわけです。だから、ネット自体が「触れていれば賢くなる」という空間になってくれれば問題はないわけです。したがって、ネットのどこを改善すればそうなるのか、ということが大きな課題だといえるでしょう。

現代的部落差別を象徴する鳥取ループ・示現舎

川口　鳥取ループらの主張も同様で、「現代的レイシズム、「現代的部落差別」という理解をしていく必要があると思います。鳥取ループ・示現舎は「今はもう部落差別なんてたいしことない。今も部落差別があるのは、解放同盟に原因がある。解放同盟が活動をやめたら、部落差別はなくなる」「国が同和行政を行ったから、部落差別が残ったんだ。同和行政なんかしなければ、部落は差別されなくなっていた」と裁判で主張しています。

彼らは露骨なヘイトスピーチのように、「部落民は穢《けが》れている」「部落民は怖い存在だ」「部落民を殺せ」などのストレートな差別発言はしません。解放同盟や同和行政について批判しているだけで、彼らの主張のどこが差別なのかと思う人もいます。彼らの主張の問題点を理解するためには、このニューレイシズム、チキさん風に言えば「ニュー部落差別」（現代的部落差別）の視点を押さえる必要があると思っています。

「多文化共生は管理から」という誤った発想――保見団地の事例

津田　僕は二〇一九年八月から愛知県で始まる「あいちトリエンナーレ」という国際芸術祭の芸術監督を務めています。こんなご時世でもあるので、フェミニズムや差別の問題をきちんと現代美術の側から表現し、問題提起できるような芸術祭にしたいと思っています。二〇一七年に芸術監督に就任して「あいちトリエンナーレ」を開催するにあたり、いろいろなリサーチを行いました。

その一環で、豊田市にある保見団地に視察に行ったんですが、ここでの体験が衝撃的だったんですね。保見団地には、在日日系ブラジル人の子孫たちが二〇年ほど前から住むようになり、今では団地の半分くらいの人口を占めるようになっています。そのほとんどがトヨタを中心とした工場の労働者で、彼らが愛知県のモノづくり産業を支えています。しかしここでも九〇年代以降、日本人の旧住民とブラジル人の新住民との間で対立があり、一九九九年には機動隊が出動する事態まであったようです。

僕はこの保見団地にある一番大きな中学校に行って教頭先生から話を聞きました。最初に、運動会の入場シーンを映したビデオを見せていただいたんですが、まんま軍隊の行進のような入場シーンでした。また、「最近このような教育に取り組んでいます」ということで、二年前から始めた素手で行うトイレ掃除についてもご紹介いただきました。「こうした取り組みのおかげで、うちの中学校も荒れなくなりました」と教頭先生は笑顔で語っていたのですが、僕の実感としては、「この人権感覚はヤバい」というものでした。

そもそも東海地区は、日系ブラジル人移民の子孫たちが多く出稼ぎに来ていた関係もあって、多文化共生の取り組みも盛んで、条例化の先駆けともなった地域です。リサーチ時、豊田市の多文化共生担当の若い女性職員に、「保見団地では、住民の対立が原因で、右翼が押しかけたりデモがあったりと、様々なトラブルが起きましたが、今は融和が進んでいるようですね。市としてはどのような対策を講じたのですか」とうかがいました。職員の方は、在日ブラジル人社会に対して深い共感があり、熱意もある人でしたが、彼女から出てきたのは「ごみ問題で日本人と揉めたのでごみ捨て場を作りました」「不法駐車が多かったので、駐車場の利用を中止しました」など、基本的には〝管理〟の話しか出てこないんです。つまり、多文化共生というお題目を掲げながら役所には管理の発想しかない。いわば「多文化共生」ではなく「単文化強制」です。先ほどの教育現場のケースも同様です。教える側や管理する側は、厳しく管理すること自体が差別につながっているということを意識さえしていない。教える側、管理する側の公務員が「トラブルが起きれば管理すればいい。それは差別ではない」という意識になってしまっているところに、根深い問題を感じました。

「管理教育の先兵」としての生徒会

谷口　私の子どもたちは今、娘が中学一年生、息子が小学五年生で、二人とも公立学校に通っていますが、学校では、いわゆる鍵カッコ付きの「素直」な子が良いとされています。どういう素直さかというと、それは「従順さ」なんですね。校則を守るのは当然だと。誰に似たんか知りませんが、私の娘は従順じゃないので（笑）、「校則にはおかしいと思うことがいっぱいある。どうしたらいいのか」と考え、彼女は生徒会に入ることを選択しました。「生徒会に入ればルールが変えられる」と思ったようです。

しかし生徒会に入って一番大きな壁になったのが、なんと、生徒会の仲間だったんです。実は、その生徒会でアンケートをとると、「こんな校則はいらない」という意見が出てくるのですが、生徒会長をはじめとした上級生が「そんなことを言ってはだめだよ」と、内面化された規範を出してくるわけです。それが先生にとっての「都合のよい子」「管理しやすい子」なんですね。

管理教育が進む一方で、なぜ人権教育が希薄になったかというと、「管理」に抗うのが人権の概念だからなのです。「おかしいことをおかしいと思うこと」「力のある人から言われたことに対して、『それはおかしいでしょ』と抗うこと」、つまり権力に抗う概念が人権です。したがって、人権教育を行う現場の先生は、自己矛盾を抱えながらやっていかなければならず、「あんまり人権教育をしてしまうと、学校から言うことを聞いてもらわれへん」という状況になってしまったわけです。

「ライツ・ベースド・アプローチ」を取り入れてこなかった日本

谷口　現在の人権教育は、私が受けてきたときよりはるかに減ってますし、国連が二〇年ほど前から、「ライツ・ベースド・アプローチ」という権利ベースでいろいろなものを考える教育を取り入れてきたにもかかわらず、日本では全くその「ライツ・ベースド・アプローチ」を取り入れる気配さえありませんでした。

その結果、津田さんの指摘のように、「ルールそのものがおかしい」という問いかけをできない人たちがたくさん生まれ、「ルールは守って当然」となってしまうのです。

では、国会で立法化されたものは、全て守らなければいけないのでしょうか。先ほどチキさんが言ったように、「私たちは国家に権利を預けるという社会契約をしているんだ」という概念を学校でちゃんと教えない状況になってしまうと、「賢い主権者になるための教育」を一度も受けずに、いきなり、世の中に出されてしまうことになります。そして、「賢い大人になれ」と言われれば、「とりあえず従順にならなあかん」となってしまいます。
これは教育現場だけが悪いわけではなく、家庭でも「そういう教育は楽だ」ということで、親が是認するわけです。教育現場がそうなり、社会も親もそれを是認する。そして企業に入ったら、今度は「組織人になれ」と言われるわけです。

津田　みんな同じリクルートスーツを着て就活したり。あれ、気持ち悪いですよね。

谷口　採用する方も、あれでよう採用すんな、思うんですわ。みんな同じ髪形、同じ化粧して、同じ格好。何がおもろいねん。ほんまにその会社がイノベーションを望んでんねんやったら、それではあかんやろと思いながら、学生に「ほんまにその服着ていくの？」って、こっちは言うわけですよ。しかし就職課は、「これを着ていかなければだめだ」と指導するわけですよね。

ありとあらゆる場面で、こんなにも従順で善意あふれる民に飼いならされている状況に気が付いてしまった人間にとっては、日本は本当に生き苦しい社会なんです。そこに気付くのは、差別や社会の不条理に出会った人たちです。その瞬間までは、大多数の側にいれば鈍感で気が付かない状況にいざるをえません。そこを教育で、シミュレーションとして習わないと、乗り越えることはできないのではないでしょうか。

津田　「公正世界仮説」という概念がありますが、これは、「世の中は正しいことを行えば公正な結果が返ってくる」という誤解、偏見です。この考え方に囚われた人は「世界はちゃんと正しく動いているのだから、何か悪いことがあった人は、その人に原因があるのではないか」と思ってしまう。痴漢や強姦にあった被害者が、「そんな夜道を歩いていた方が悪い」「そんな恰好をしていたから被害にあったんだ」と言われてしまうようなケースが典型です。

差別の問題にも、「公正世界仮説」が影響しており、「差別されるのは、される側に問題があるんだ」という考え方が増えてきている。そして、インターネットや教育現場が、こうした状況を助長しているのだと思います。

日本社会に蔓延する「新しい差別」

荻上　先ほど「ニューレイシズム」の話をしましたが、僕が今度、仲間とリサーチして発表しようとしているのが「ニューセクシズム」についてです。女性差別はもうないのに、強者となったフェミニストが男性を憎んで攻撃している、というようなものです。また、川口さんとは以前、「ニュー部落差別」について話もしました。これは、「部落差別の原因は、部落解放同盟が作っているものであり、私たちはそれに反対しているだけで、差別者ではない」というものです。

「ニューレイシズム」にしろ「ニューセクシズム」にしろ、同じレトリックを使った差別が様々な領域で起きてきています。こうしたものを僕は総称して、「ニューセントリズム（中心主義）」と名付けています。たとえば、「男性中心主義」「白人中心主義」などがこれに当たります。かつてのように自明視された中心主義が形を変えて、自らを被害者側に位置付けることで、マイノリティ運動のロジックを部分的に拝借しながら、マイノリティを攻撃するのです。

これは、内面化されている差別的な価値感を自己正当化するために、「自分は差別に抵抗する側の被害者なんだ」と位置付けるわけです。そして「自分たちは差別に反対するために、あいつらみたいな過激な連中を攻撃してるんだ」というロジックで、差別に反対する人たちを攻撃するのです。今、こうした中心主義者たちが目立つような状況になっています。

こうした中心主義に抗うためには、人権教育のなかで「このような差別が現実にあります」というように、差別を可視化させ、「部落民はこうだ」「女はこうだ」という中心主義者の嘘と偏見に対して、それが間違っていることをきちんと説明していくことが大切です。

差別の被害者救済をどう実現するか

部落差別の被害の実態

――「部落解放全国高校生集会・全国青年集会」のアンケート調査から

川口　二〇一八年八月に、神戸市で「部落解放全国高校生集会・全国青年集会」が行われ六〇〇人近くの人が参加しました。そこで、「ネットと部落差別」研究会によって参加者にアンケート調査を行い、ネットに関する差別、被差別経験について尋ねました。部落出身の当事者を対象としたネット差別に関する大規模なアンケート調査は、今回が初めてであり、私もその結果には注目していました。今日は、その一部を紹介しながら、ネットの課題や相談のあり方について考えていきたいと思います。

約四六〇人がこのアンケートに回答し、約半数が一〇代の高校生など、残りの半数が二〇～四〇代です。このうち、部落出身者と自認している人が約半数です。半分が部落出身ではないが連帯して活動している人です。

「ネット上にある部落差別の情報を閲覧した経験があるか?」という問いに対しては、二人に一人が「ある」と答えました。そのうち、「どこが同和地区なのか」という情報を閲覧した人は二九・一%、「誰が部落の人か」という情報を閲覧したのは一七・六%でした。「誤った情報（部落への偏見等）」が二七・六%、「部落に対する差別的な書き込み」二八・九%、「部落出身者に対する差別書き込み」が一九・六%でした（図表9）。

次に、「そうした情報を見たときにどんな気持ちだったか?」という問いには、「怒り」七一・一%、「悲しみ」四五・八%、「驚き」三五・三%、「恐怖」二五・八%、「不安」二三・七%という結果でした（図表10）。つまり当事者の高校生や青年たちが、ネット上の部落差別を見たときに、何らかのダメージを受けているということです。

そして、差別投稿閲覧後の対応は、約半数の四六・三%が「何もしなかった」という結果でした（図表11）。集会に来ている高校生や青年たちは、地域で活動をしている子たちも多いです。その子たちの半数が、ネットで部落差別に出会ったときに何もできなかったわけです。

図表９　ネット上の部落差別情報　閲覧経験

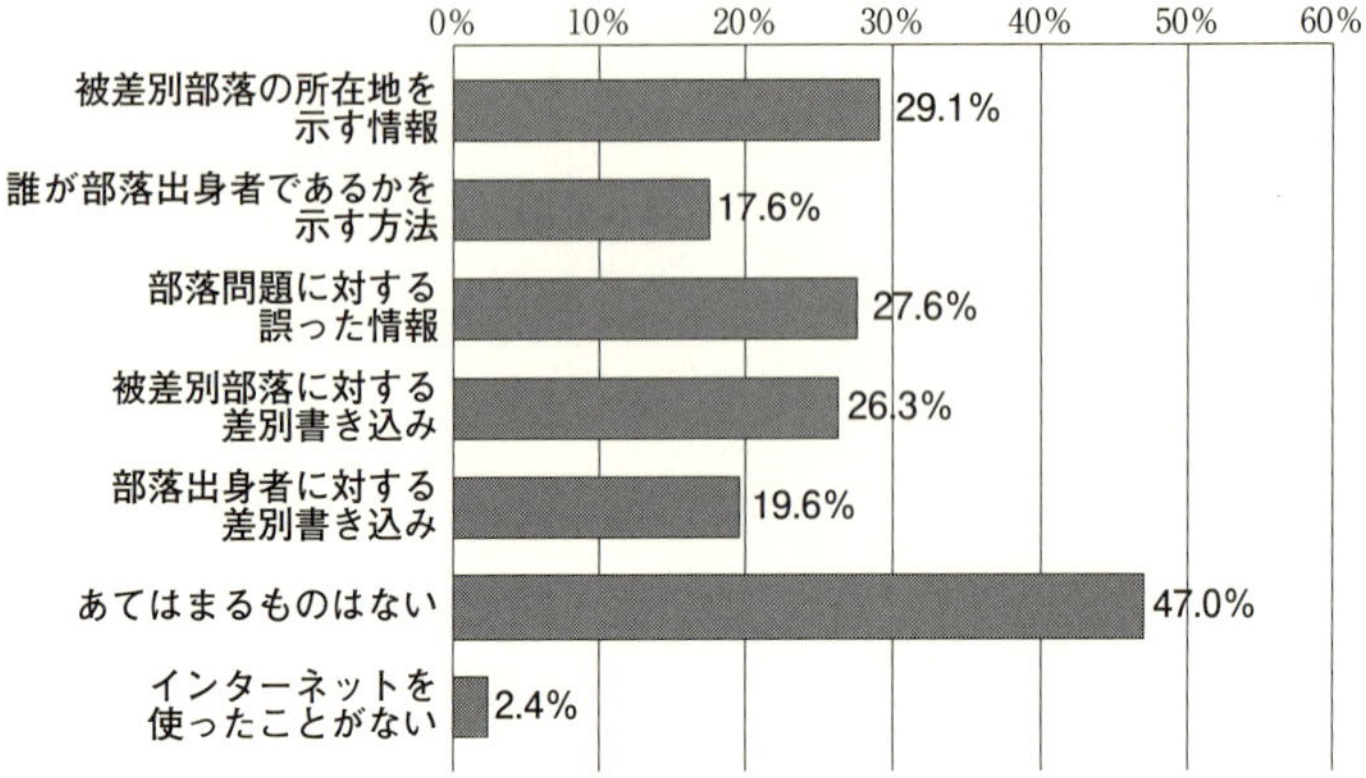

図表 10　ネット上の部落差別情報　閲覧時の気持ち

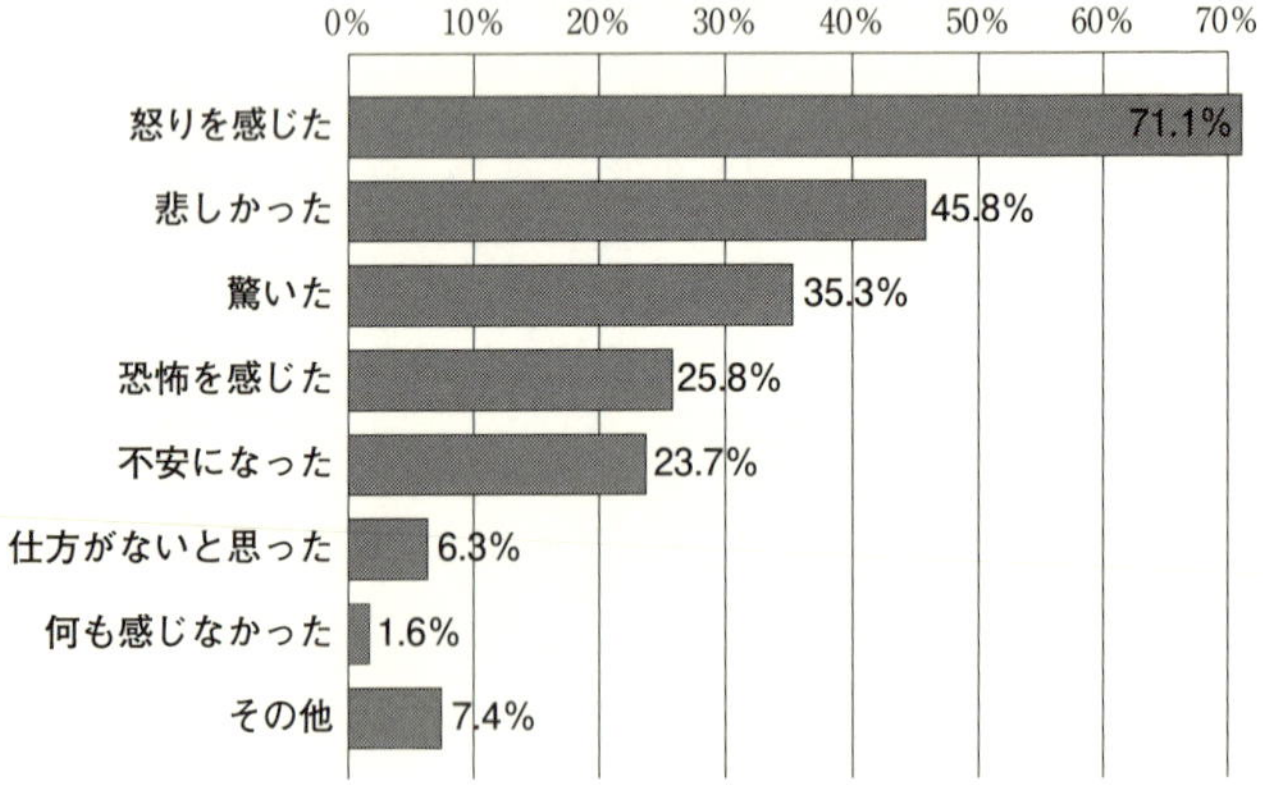

図表11　差別情報の閲覧後何をしたか？

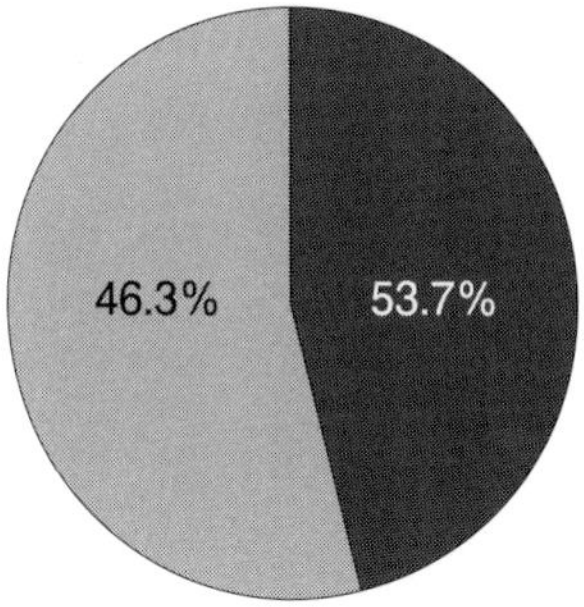

「どこに相談したか」という問いに対しては、一番が多いのが部落解放同盟かその活動家や青年部で二二・六％。そして、友人一六・三％、家族一三・二％、隣保館が一一・一％でした。一方で、市役所などの自治体に相談したという人が五・三％と少なく、法務局や人権擁護委員にいたっては一・六％しか相談していない状況です（図表12）。法務省が把握しているネット上の部落差別の人権侵犯の数は毎年一〇〇件程度なので、それらは氷山の一角だということです。この結果からわかることは、若いネット世代の人たちが、ネット上で部落差別や被害を受けたり、人権侵害を目撃したときに、どこに相談に行くことができるのか、という問題が浮き彫りとなっています。

そして、プロバイダに「通報した（削除要請）」

図表12　差別情報閲覧後に誰に相談したか

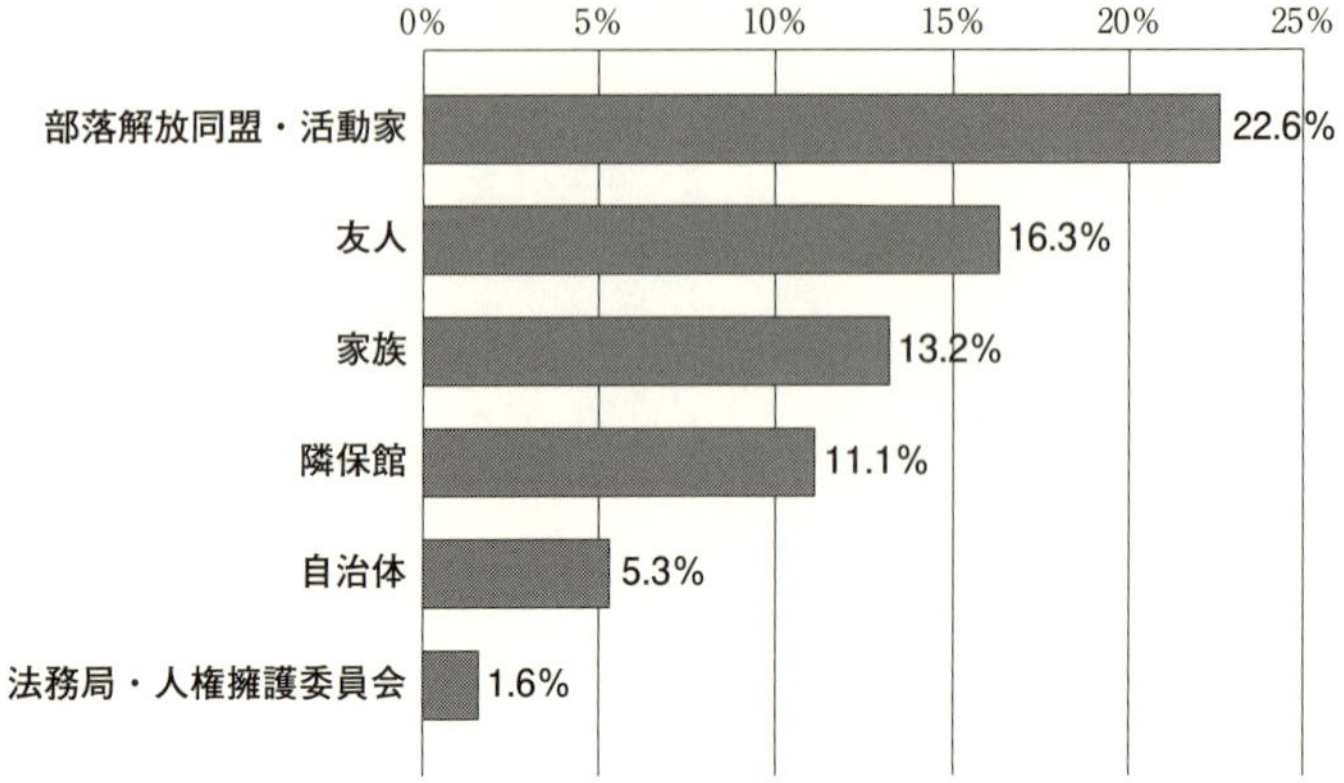

は七・四％でした。「抗議投稿をした」人が六・三％という結果になっています。

五割もの若者が実際の部落差別を経験

川口　ネット上で『全国部落調査・復刻版』が流布されていることに、不安や心配を感じている人が多くいます。細かく見ていくと、交際や結婚の際に身元調査として悪用されることについて不安を感じている人は四八・三％、バイトや就職活動の際に悪用されることに不安を感じている人は三三・九％、部落出身であることを友人や知人に知られることに不安を感じている人が一六・七％でした（図表13）。

　このように、アンケート結果を見てみると、特に実害を受けていなくても、ネットで晒されてい

図表 13 「全国部落調査・復刻版」の流布における不安の内容

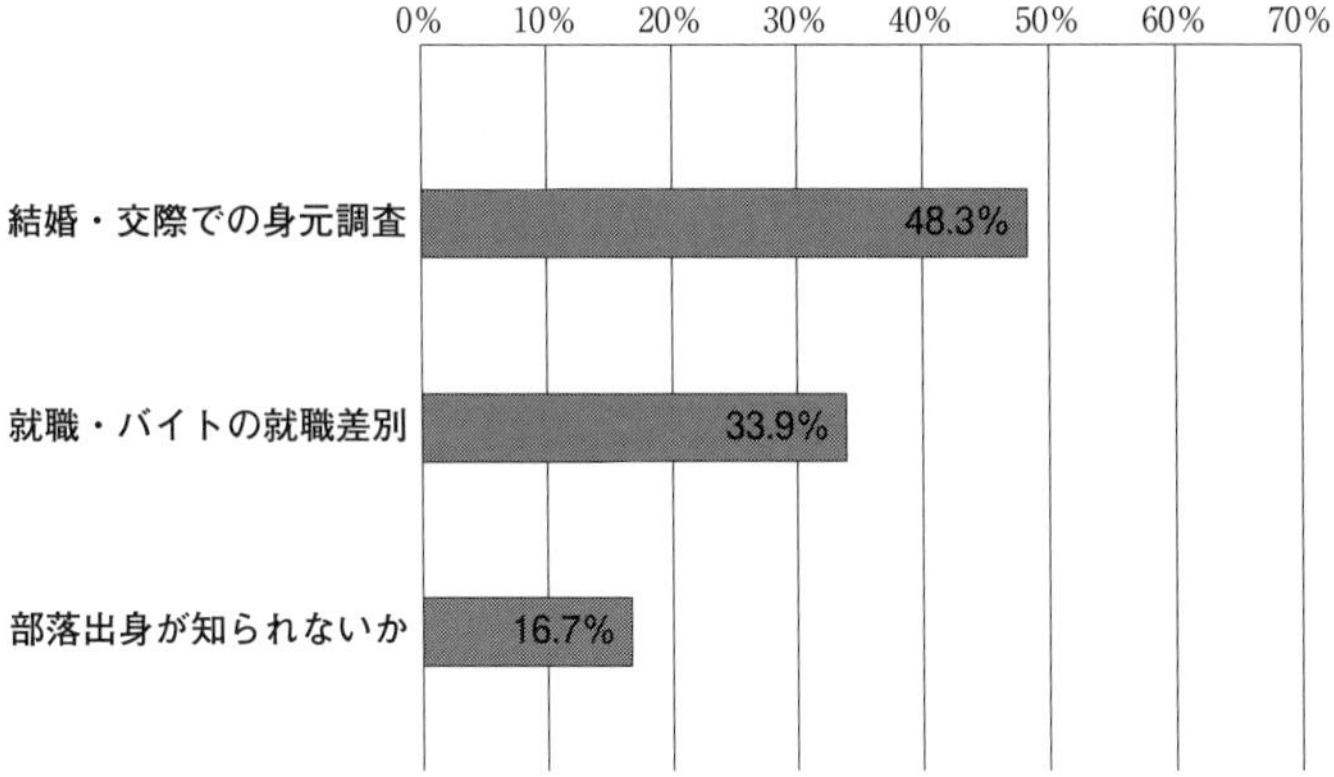

るというだけで、将来に対する不安を抱えざるをえなくて生きているという状況だということがわかりました。

また、ネット上で「全国部落調査・復刻版」が流布されていることで、本人や家族、友人が実際に被害を受けたという人は、参加者の中に一七人いました。どんな被害かというと、鳥取ループ・示現舎の「部落探訪」で、同和地区内の写真や動画に友人の家や車のナンバープレートが写っていたケースや、差別ハガキが送られたというケースがありました。そのほかにも、差別発言を受けた、結婚や交際時に相手の親族から部落を理由に反対された、というケースもありました。

さらに、今回のアンケートでは部落出身と自覚がある高校生、青年の四七％が「差別を受けたこ

図表14　被差別体験の有無（部落出身と自覚あり）

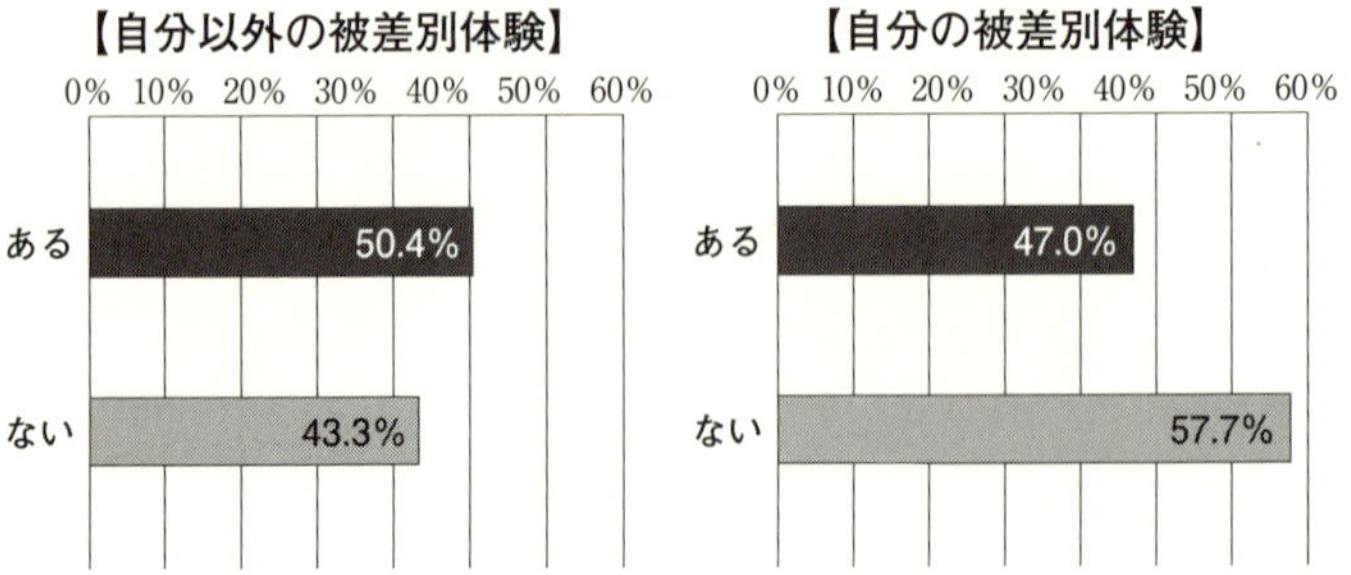

とがある」と回答しています。

詳しく見ていくと、面と向かっての差別発言が一八・八%、かげ口一三・五%、結婚差別一一・一%、付き合いの拒否七・七%、就職差別三・八%、インターネットで差別を受けた三・八%、その他六・七%となっています（図表15）。差別の形態や傾向は様々ですが、要は九八人もの若者たちが、直接差別を受けてきているということです。

あと、自分以外の周囲の人への差別を直接見聞きしたことがあるかどうか、という問いに対しては、部落出身者の自覚者の五〇・四%の人が経験していると答えました。結婚・交際の反対二三・五%、かげ口一三・〇%、面と向かっての差別発言一一・七%、恋人に交際断念七・四%、ネットでの差別六・七%、友人・知人に交際拒否六・一%、就職差別六・三%、という状況です（図表16）。

図表 15　どんな被差別経験があるか（自覚あり）

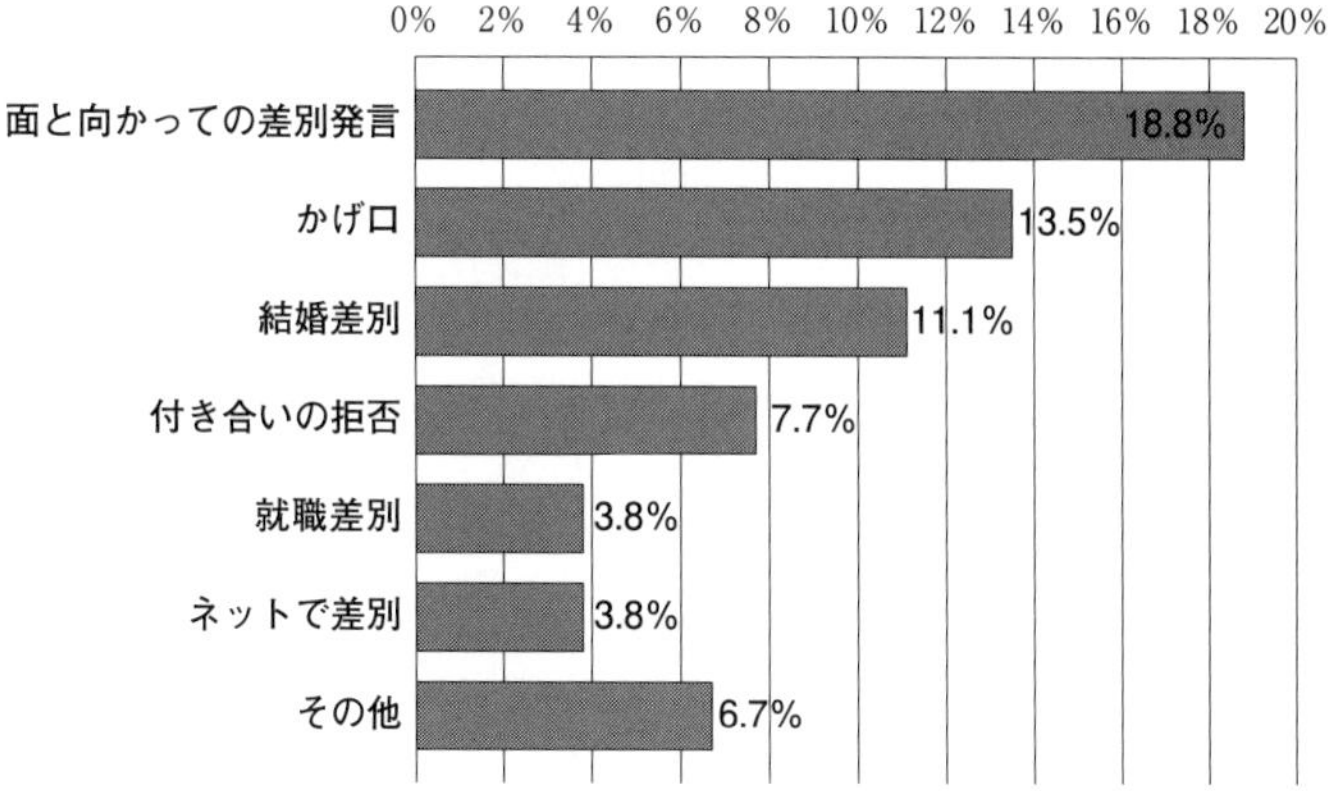

図表 16　自分以外の被差別経験（自覚あり）

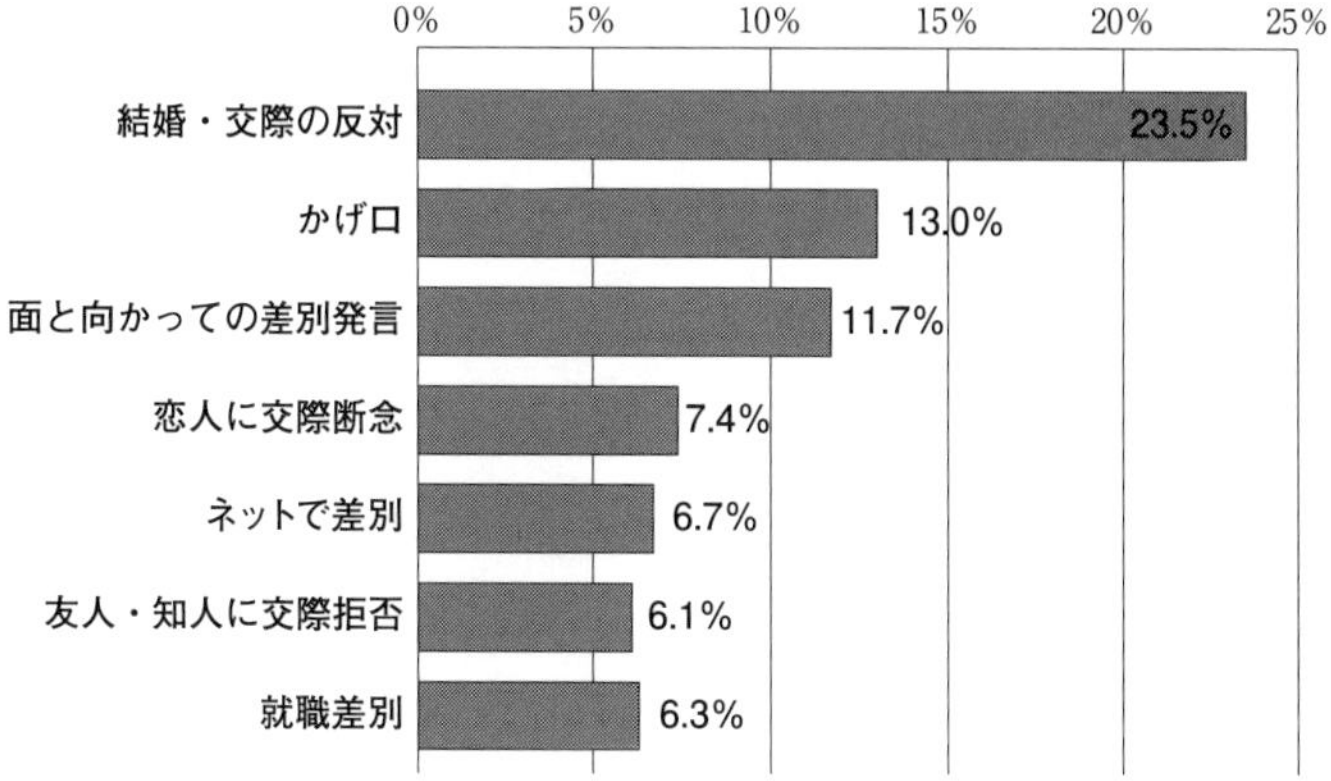

被害者救済の課題

川口　被害者救済の課題としては、ネット上の差別や書き込みがあったときに法務省・地方法務局に相談に行くと、職員からはまず「自分でプロバイダに削除要請しましたか」と聞かれます。そして、していなければ、「まずは本人で削除要請をしてください。そのやり方を教えます」という「援助」が基本です。つまり、「被害者の自力救済が基本」となっているわけです。そして、「障害者や高齢者などで自分でできない場合、あるいは何回通報してもだめだった場合」に初めて法務局が削除要請を検討するという対応なのです。実際に、法務省が処理したネット上における人権侵犯事件は、二〇一七年度では二二一七件にも上ります。しかし、実際に法務局が削除要請に動いたのは二五％しかありません。つまり、基本的にネット被害者は、自分で何とかしなければならない状況にあるわけです。

背景には法務省や違法・有害情報センターなど外郭団体などでもネット人権侵害に対応する職員体制等が十分に整備されていません。法務省・法務局の人権擁護部門の職員は全国で二九〇人弱で、何万件にも上る全国の人権侵害の案件を対応しており、さらにネット人権侵害に対応する職員はもっと少なく、十分な対応ができない現状があります。法務省のネット人権侵害への体制を強化するとともに、地方自治体も、そういった役割を担っていく必要があるのではないかと思っています。

二〇一七年に部落解放・人権研究所が全国の自治体に「部落差別解消推進法」施行を踏まえたアンケート調査を実施しました。その結果、部落差別に関する相談窓口を設けている自治体は約三割、ネット被害に関する相談の窓口を設けている自治体は約四割という状況でした。こうした数字を見ていると、部落差別やネット被害の相談窓口開設への取り組みは十分であるとはいえません。地方自治体におけるネット人権侵害に対する相談体制の充実も今後の課題だと思います。

被害者が救済方法を検索してもヒットするのは差別ばかり

荻上　今回のアンケート調査では具体的なケースがあげられていますが、それらを見ると、やはり「部落差別解消推進法」には立法根拠があったということがわかります。しかし一方で、「部落差別はない」と言って、推進法の立法事実を否定するような人たちもいるわけです。こうした、差別を温存するような力学が機能してしまうことに対して、「現在でもこのような部落差別の実態がある」「差別に晒されている人たちの声を聞かなくてどうするのか」「まだまだ部落差別解消に向けた体制は不十分だから、さらなる改正根拠が必要だ」ということを示していくための重要な問題提起になるのだと思います。

僕の身近でも数人、部落差別を受けたという方がいます。それは、僕がラジオ番組で人権の問題を取り上げる人だと認知されてから、「チキさんはもしかして、部落差別の問題に詳しいですか？」と聞かれて、「詳しくはないけれど、部落差別に関する書籍は何冊か読んでいるので、どういった差別構造なのかは一応学びました」などと言ったりすると、「実は部落差別をされました。相談には行ってはいませんが、まずは自分で学びたいと思うので、どんな本を読めばいいですか？」という形で聞いてくるわけです。「何があったのですか？」と聞くと、「身内からの結婚差別を受けて、どう対応していいのかわからない」ということを聞かれたりします。

そういうときは、問題をなるべく円満に解決したいのか、それとも自分のポリシーを最優先に通していくのか、いくつかのオプションを提示して、「どれを選びますか？」ということを聞くようにしています。たとえば、家族の同意がない場合は、まずは自分の心を守り、パートナーとの関係も守ることから始め、次の展開を考えるための知識を身に付ける方法もありますし、逆に社会問題化させて、記者会見を開くなどのビッグイベント化させる方法もあるわけですから。

しかしいずれにしても、差別への対策をインターネットで調べても、ひどい情報ばかりにヒットしてしまい、法務省に「自己救済しなさい」と言われても、そのためのマニュアルさえ見付かりません。したがって、せめて問題を抱えた人がネットで調べたときには、自己救済のためのサイトがトップに出てくるようにするか、それも無理なら、「こちらのサイトを見に来てください」というネット環境を、法務省が用意するべきではないでしょうか。そういうこともせずに、「やり方がわからない場合にのみ相談に来てください」というのは、かなり冷たい対応だと思われても仕方がありません。これはもちろん人件費の問題とかありますけれども、そうした環境整備こそが必要でしょうね。

セクハラ被害者の相談から何を学ぶか

川口　谷口さん、セクハラ被害者の相談で何か参考になるような成功例などはありますか。

谷口　そうですね、実は、セクハラの相談体制ってあまりうまくいってないんですよ。そのことを前提にお話ししたいと思います。

実は二〇一八年の春に、メディアで働く女性が、財務省の官僚がセクハラをしていた事実を告発したのを受けて、各大手メディアでは内部調査をしました。しかし、私が見たかぎりでは、メディア内の労働組合の動きが悪いのです。組合のなかの女性の専従役員比率も低いですし、そんななかで、男性側がセクハラの問題を自分たちの問題として受け取ることができないという状況にあります。言ってみたら、セクハラって身内の恥部じゃないですか。だからメディアの人間は、「セクハラを叩くせに、身内のセクハラはよう出さん」と言われても困るので、こっそり調査して、こっそり内部で公開して、こっそり終わらせてしまう方法で問題を解決していた。だから、セクハラに関する内部調査を公表したメディア企業はほぼないのが実情です。

そんな状況なので、「Me Too」運動やネットを駆使して、セクハラの問題を取り上げざるを得ませんでした。しかし、声を上げたお一人の伊藤詩織さんは、ひどいバッシングを受けて日本に住めなくなってしまい、イギリスに「亡命」しなければならない状況にもなってしまいました。「声を上げた彼女を守りきれない日本社会って何なんだろうか」ということも考えなければならない課題です。一人の被害者が、この国に暮らすことができないんですよ。辛淑玉さんがドイツに「亡命」しなければならなかった例も同様です。それがまた女性であったから辛淑玉さんもあそこまでいったんじゃないか、っていうセクシズムがあったと思うんです。レイシズムとセクシズムの複合差別です。

したがって、セクハラをうまく解決していくプロセスというのは、実はまだ確立されていないのではないかと私は思っています。セクハラを救済する機関があるわけではないし、自力救済が求められており、しかし声を上げれば上げるほど被害者は立場が弱くなってしまうのが現状なのです。

加えて、人権問題に取り組む運動体であっても、同様の問題があると思います。たとえば「部落解放同盟はセクハラ問題にどのように対処していますか」と聞かれた際に「うーん」と悩んでしまう状況であれば、「いわんやほかの機関をや」です。

やはりこの点に関しては、複合差別というのが絶対的にあると思っています。「女やから」とか「障害者やから」という差別が重なり合うことよって、被害者が黙らされてしまう。その典型例が性差別の構造だと思っています。

いじめ被害者の相談から何を学ぶか

川口　チキさんは、いじめ問題についてのNPO法人を立ち上げて活動されていますが、被害者救済や相談活動などで、何か参考になる取り組みなどはありますか。

荻上　参考になるケースと、参考にならないケースというのがありますね。いじめだけではなく、差別のテイストで変わってきます。たとえば、個別具体的な企業のなかで起きたケースにおける改善策が、別企業でも同一に語れるかというと、難しいところがありますね。

セクシュアルハラスメントについては、Twitter や YouTube などで、あからさまな性的なののしりに対しては削除することができるようになっているので、「うまくいってる」とはいえないにしても、改善されているとはいえるでしょう。その背景として、セクハラなどの概念が社会に浸透し、通報窓口などのインフラも整ってきているという状況があります。

しかし、別のジャンルで成功事例があるかというと、日本にはまだないと思います。麻生さんはまだ財務大臣やってますし、文科省のいじめ調査についても実態調査の内容に変えるということもされていないですから、トップダウンもされてないですよね。

ただ、いじめの問題については、いじめの再生産を抑止するために、いじめを起こすようなシステムそのものを改善することが大切です。たとえば、教師の労働環境の改善や、子どものストレスの増大の抑止、コミュニケーションのケアという観点から子どもたちを指導する一方で、子どもたちへの管理教育をやめることが重要です。

僕はこうした提言を、いろいろしてはいるんです。「こういった取り組みを行えばいじめが減る」「このような教室ではいじめが増えてる」「このような教室ではいじめの相談がしやすい」「こうした教室ではいじめの相談がしにくい」という統計がはっきりと出ているので、あとは実行していくだけなのですが、「財政難だ」「人手不足だ」などの問題が出てきて、それがなかなかできないというジレンマがあります。

また、「そうした改善をするだけで、前よりは、ましになりますよ」という知見がたまっているにもかかわらず、それが現場の教員に届かないという現実もあります。先生方は、「あなたたちよりも、いじめのことはよくわかっている」と言うのですが、いじめのメカニズムや統計については、現場にいない人間の方がわかっています。それは、研究者やＮＰＯのスタッフには、現場と現場を比較する視点があるからです。

先生方が自分の学校でうまくいっているように見えるのは、問題なく通っている生徒だけを見ているからです。いじめによって不登校になっている人などは見えていませんし、そうした生徒たちが先生に相談しにくいという現状も理解してはいないのです。

したがって、うまくいっている事例を紹介することはできませんが、少なくとも研究を重ねることによって、「こうした対策が効果的です」という提言まではまとめることができています。

そうした意味で、二〇一三年以降、僕が「いじめ解消法」の制定に向けて取り組んでいる際、各議員たちにロビイングして、「この方向はまずいのでこうしましょう」「ここに力入れてください」などの提言を行ってきました。まだ立法根拠などを精査するための具体的な調査は完成していませんが、具体的な提言はすでに固まっているのです。そのなかで、まずはそれを導入するために、各分野で試行錯誤しているような状況で、一歩めの制度が動き始めて、さあどうか、というチェックをし始めているくらいなんです。

日本で、いじめが社会問題化されて、まだ三〇年しかたっていません。そのなかで、「部落差別解消推進法」はまだ一年生、二年生とか、それくらいの段階なので、チェックするための統計も脆弱です。


法務省の基本姿勢「自力救済が基本」を変えなければならない

津田　たぶん、被害者救済という課題についての目標をどこに置くかですよね。
法務省の「自力救済が基本」という姿勢がデフォルトになってしまっているので、このデフォルトを「他力救済」に変えることが、今のところの大きな目標だと思っています。

他力救済にはいくつかの方法があります。今、ネット上で起きている人権侵害は、ほとんどがプラットフォーム上から被害が拡大・拡散している。すなわち、プラットフォームの事業者にきちんと対応してもらうことが何よりも重要です。他方で、差別的なコンテンツを流すことでネット広告によってお金儲けができてしまう構造がある。このことについても広告業界に対して「あなたがたの業界倫理の問題でもあるのだから、きちんと対応してください」ということを要求していくことが重要です。

しかし、彼らはそうした取り組みはやらないですね。なぜやらないかといえば、コストがかかることもありますが、やはり表現の自由――憲法的な問題に関わってきてしまうからです。どこからどこまで社会的に許される表現で、その線引きを一プラットフォーム事業者が判断していいのだろうかという躊躇がある。

したがって、広告業界もプラットフォーム事業者も、できるだけ自分たちで具体的な基準を作って判断することは避けたい。だから、「この表現は Google では削除されるけど、Facebook では削除されない」というような状況が生まれてきてしまうのです。

「ではどうすればいいのか」ということを考えた場合、ヨーロッパの取り組みが参考になります。

ヨーロッパの取り組みから学ぶ被害者救済の方法

津田　ヨーロッパ難民危機が起き、難民や移民に対するヘイト感情が高まった二〇一五年一二月、欧州委員会は、「ヘイトスピーチに対する闘いに関する一般政策勧告第一五号」を採択しました。

この勧告では、ヘイトスピーチを「『人種』、皮膚の色、世系、民族的または種族的出身、年齢、障害、言語、宗教または信念、性別、ジェンダー、ジェンダーアイデンティティ、性的指向および他の個人的な特徴や地位に基づく、いかなる形態にもよる、個人または個人の集団の誹謗、憎悪または中傷、およびそのような個人または個人の集団に関するいかなる嫌がらせ、侮辱、否定的なステレオタイプ化、スティグマ化または威嚇、あるいは前述のすべての種類の表現の正当化の唱道、助長または扇動」と定義し、ＥＵ加盟国に対してヘイトスピーチ対策を講じる必要性を説いています。

同勧告では、ソーシャルメディア上のヘイトスピーチ対策の必要性についても述べられており、欧州委員会はこの勧告採択から半年後となる二〇一六年五月三一日、Facebook、Twitter、Microsoft、YouTube を運営する Google のプラットフォーム四社と共同でヘイトスピーチに関する合意を含む新たな行動指針を公表しました。内容は、同委員会のガイドラインに沿って、四社が運営するソーシャルメディア上に投稿されたヘイトスピーチを、投稿から二四時間以内に削除または遮断するというものです。合意条件として、①二四時間以内に削除または遮断すること、②削除にあたって反差別などで活動する市民団体と協力すること、③カウンターナラティブ（ヘイトスピーチに対抗する言説）を促進すること、といった項目が含まれました。

また、この取り組みの成否について、加盟国のNGOや公的機関が半年ごとに評価することも決められています。これ以降はプラットフォーム事業者が、差別かどうか判断に悩むようなケースがあれば、人権団体や人権救済センター、あるいは人権関連のNGOやNPOに相談して判断してもらう仕組みが作られたということです。

ただ、ここにも問題があって、そうしたものを仕組み化した場合に、ネットを監視するためのマンパワーが重要となり、人手不足の問題が顕在化してしまう可能性があるのです。もう一つの問題は、これが法規制ではないということです。あくまで事業者とEUの取り決めであって、事業者が十分に義務を果たさなくても罰則や罰金があるわけじゃない。そのため、合意から一年ほどはなかなかヘイトスピーチが削除されない状況が続きましたが、二〇一六年一二月、四社が欧州委員会から「改善しなければ法規制する」と警告を受けて以降は劇的に改善し、現在は通報のあったヘイト投稿の九割近くが二四時間以内に削除されているそうです。この取り組みは日本でも参考になるはずですが、日本のプラットフォーム事業者と人権団体が手を取り合ってこの問題を解決しようという動きはありません。

日本の場合は、法務省が人権教育などで予算を取っているわけなので、そうした予算を原資にして、人権団体等に監視業務を委託できるような環境を作っていくことが必要なのではないでしょうか。

日本のプラットフォーム事業者の最大手であるYahoo!は、自社の決済サービス「PayPay」を普及させるために二〇〇億円くらいお客さんに配って普及を促していますよね。二〇〇億円使えとは言いませんが、それの五%——一〇億円でもヘイトスピーチ対策に使ってくれれば状況は改善するのにな、と思わざるをえません。

被差別当事者の連帯・連携こそが重要

津田　僕は、先日行われた参議院議員会館の院内集会のときに、部落解放同盟をはじめとした被差別当事者の運動団体が、相互に連携して現状認識や対策等の共有化を行うという画期的な取り組みを行っていることを知りました。ソーシャルメディアが差別の「主戦場」となった今、今後はこうした横の連携が重要になると思っています。今、日本には、部落差別、在日コリアン差別、女性差別、アイヌ民族差別、障害者差別、性的少数者差別、そして外国人労働者に対する差別など、様々な差別が存在します。これらの差別と闘う団体が相互に連携し、そしてプラットフォーム事業者も交えた連絡協議会みたいなものを組織化して問題に取り組んでいく。そうしたところを一つのゴールとして運動を進めていくことが、「他力救済」を促進する方法だと思います。

自力救済をどうサポートするか

津田　あと、もう一つ重要なことは、「自力救済」の問題です。僕は別に自力救済を否定しているわけではなくて、自力救済もした方がいいと思っています。しかし問題なのは、自力救済をサポートする仕組みが全くないことです。したがって、法的救済を可能にしやすくするような状況を作っていくことが重要です。その意味では、「保守速報」に対する損害賠償請求の民事裁判で、原告勝訴の最高裁判決が出て、判例として固まったことは大きな前進です。これを契機に、いろいろな「まとめサイト」に対しての裁判や提訴が進ん

だほか、企業の差別サイトからの広告引き上げなどがここ一年くらいでかなり進みました。他力救済に加えて、自力救済をサポートする仕組み作りをどう進めていくかということもセットで考えることが大切です。

各自治体で進むモニタリングの結果を被害者救済に生かす

川口　津田さんの報告のなかで、ドイツやEUなどのネット上のヘイトスピーチ対策などでは、差別投稿の判断に悩む場合は、行政が当事者の反差別団体の第三者機関と協力しながら取り組んでいるなど、海外のケースもご紹介いただきました。私たちも今後は、そういうステージが必要なのではないかと思っています。

現在、ネット上における部落差別への取り組みとして、県や市町村がモニタリングを実施し、削除要請を行う自治体が増えてきました。モニタリングはネット上における部落差別の実態把握という側面もあります。今後は各自治体等で実施したモニタリング結果を全国的に集約し、分析していく取り組みが必要だと思っています。

そこで、削除されないケースや悪質なサイトを集約し、「部落差別解消推進法」や「ヘイトスピーチ解消法」の限界や差別禁止法・人権侵害救済法の必要性、プロバイダ責任制限法等の改正に向けた課題を整理し、提言していきたいと思っています。

また、どういう書き込みが部落差別にあたるのか、削除ガイドラインも必要です。何がアウトで何がセーフなのか。これについても、当事者団体を交えて議論しながら国や業界団体などでガイドラインを作成していく必要があると思います。[※1]

またプラットフォーム事業者をはじめとした企業の社会的責任も大きく、そうした企業ともネット対策についてこれから議論していきたいと思っています。

※1
二〇一八年一二月法務省は、鳥取ループ・示現舎らのようにネット上に「特定地域を同和地区であると明示する」ことは、同和地区関係者らへの人権侵犯事件であるとの認識を示し、削除要請等の取り組みを強化する通達を各地方法務局に出しました。従来は、部落出身者らの「特定の人物」が対象とされ

ていたり、「差別の助長・誘発が目的」だったりした場合にかぎり、プロバイダ等に削除要請していました。しかし、鳥取ループ・示現舎は、「部落研究」「部落差別解消」「神奈川県人権啓発センター」などの見出しを入れ、「部落差別解消のため」だから問題ないという理由を付けて「部落探訪」を続けていました。それらの行為もだめであるとの認識を法務省が改めて示した通知になりました。

ヘイト・フェイク情報の法的規制を考える
――ドイツ「ネット執行法」を事例として

ドイツ「ネット執行法」の施行とケルン「大晦日集団性暴行事件」の影響

津田　先ほどの話の続きですが、欧州委員会の動きとは別に、ドイツでは二〇一七年六月に「ネット執行法」（いわゆる「ヘイトスピーチ対策法」もしくは「フェイクニュース対策法」）が成立しました。これは、欧州委員会よりもかなり厳しい内容となっています。同法では、ヘイトスピーチやフェイクニュースが、GoogleやFacebookなどのソーシャルメディアに投稿された場合、二四時間以内に削除しなければならないことを事業者に義務付けています。そして、苦情受付の窓口の開設や半年に一回の報告書の提出も義務付けています。

また、こうした義務に違反した場合には、罰金として五〇〇〇万ユーロ（約六五億円）

の支払いも義務付けられました。この罰則の厳しいところは、罰金が企業に対してだけでなく、担当している幹部個人にも最大で六億円も科せられることです。

このようにドイツでは、ネット執行法によって、ヘイトスピーチやフェイクニュースが厳しく規制されることとなりました。

では、「ネット執行法によって規制することがいいのか」という議論ですが、実はドイツでは今、非常に混乱した状態になっています。ネット執行法は、二〇一七年六月三〇日に可決、二〇一八年一月一日から施行されましたが、事業者による過剰削除が問題になってきています。たとえば施行後の数時間で、ドイツの極右政党であるＡｆＤのシュトルヒ副党首のツイートが削除されました。どのようなツイートだったかというと、二〇一五年の大晦日のときに、ドイツのケルンで集団性暴行事件が発生しました。これは、移民の集団によって行われた性暴力・強盗事件です。これを契機にドイツの反移民感情が高まったという痛ましい事件でもあったのですが、その事件があったにもかかわらず、ケルン警察は「新年あけましておめでとうございます」というツイートをドイツ語と英語などいくつかの言語で行ったわけです。そしてそのなかにアラビア語が入っていたんですね。それに対してシュトルヒ副党首は、「二年前のことを忘れたのか！　どうしてアラビア語を入れる必要があるんだ」とケルン警察を批判したところ、それが差別扇動的だという理由ですぐに削除されてしまったんですね。これに対して、ＡｆＤや他党の女性議員などが「この削除はおかしい」と書き込んだところ、これらも削除される事態になってしまいました。

この問題をどう考えるのかは非常に難しい。確かに、これはヘイトスピーチかもしれない。だけれども、ケルン警察の対応を批判するツイートにも見える。僕は「ボーダーラインのツイートで、ギリギリセーフ」と思いました。

この騒動自体を、ドイツの風刺雑誌『タイタニック』がパロディ・ツイートしたんですね。しかしそれも削除されてしまいました。その後「どう見てもパロディー・ツイートだろ」ということでクレームが殺到した結果、三日後には復活されましたが、パロディー元は消えているという状況になりました。

つまり、ネット執行法は、事業者に対する罰金が高いので、プラットフォーム事業者がリスクヘッジのために、ボーダーライン上のツイートも含めて、かなりの数を削除してしまうという事態を招いたということです。その結果、表現の自由が脅かされるという副作用が生まれています。

こうした状況が、逆に極右政党であるＡｆＤに力を与えてしまい、「ネット執行法を自分たちに有利に使おう」という動きにもつながってしまいました。たとえば、反ヘイトの側にも、ＡｆＤの議員に対して「ネオナチのブタ」みたいな言葉を使う人がいるわけですよ。実際に、ＡｆＤの女性議員に対して、そうした汚い言葉が使われたので、この議員はFacebookを提訴した結果、結局勝訴しました。

そして今ＡｆＤが何をしているかというと、いろいろとツイートをするなかで、「ここまでの表現なら大丈夫」「これは削除されてしまった」「ここを少し加減してみよう」「少し差別を緩めたら削除されなかった」などの事例を集めて、次の発信に生かす試みを行っているようです。

したがって、法規制して実質的な投稿ガイドラインができてしまうと、今度はそのボーダーすれすれの差別的な投稿が可能となり、かえって差別をしたい側にとって有利に働いてしまうという状況が生まれているのです。実に頭の痛い問題です。

結局、二〇一八年三月に第四次メルケル政権が成立した際に、法を改正する動きが出てきており、不当に削除されたコメントを復旧する手続きなどが追加される見通しとなっています。また、現在では投稿の削除作業を全部事業者に義務として負わせてしまっているので、ヨーロッパのように、投稿削除を行う独立機関を立ち上げて、そこに担わせる形にすることが計画されています。

こうした動きを見てもわかるとおり、法規制をすればすぐ解決するものではないということです。そしてこうした法規制は、逆に差別を扇動する側にも有利に働いてしまうケースもあるということを私たちに示唆しています。

日本における Yahoo! のヘイト対策

津田　では、日本のＩＴ事業者における対策状況はどのようになっているでしょうか。Yahoo! は二〇一八年六月に、ニュースコメント欄における同一人物による複数アカウントを規制。プレスリリースで、「大幅にヘイトコメントが減りました！」と宣伝しました。しかしYahoo! には、二〇〇七年からニュースコメント欄があったのに、何でこれまで、「同一人物による複数アカウント投稿」や「自作自演」の書き込みを、あれだけ問題視されていたにもかかわらず規制してこなかったのかという疑問が生じるわけですね。

また、「規制が入ってどうなったのか」と思って記事を見てみると、たとえば、韓国のアイドルのニュースなどには、「竹島を返して欲しい」「韓国のやらせ〇〇〇ニダ」といったヘイト感情に裏打ちされたコメントが書かれているわけですよ。これらはボーダー内の投稿かもしれないけど、問題の大きい投稿です。こうしたものが全部放置されている状況なので、結局「対策をしてます」と言っていますが、実はヘイトがほとんど残っている状況には変わりがありません。

日本におけるTwitterのヘイト対策

津田　一方Twitterの場合は、日本に「Twitter Japan」という現地法人がありますが、これは単なる出先機関であってほとんど権限はなく、決済事項はアメリカ法人が決めることになっています。したがって、アメリカの方もたいへんな状況にあるなかで、正直日本の方までヘイト対策が追いついていないのが現状です。事実上放置状態が長く続いていて、二〇一七年九月に初めて、「日本も対応チームを拡充し早急な問題解決に動いてます」という公式アナウンスを出しました。しかし、たぶん「日本対応チームを拡充して」だから、「Twitter Japanの権限を増やします」ではないんですよ。アメリカ本社のなかの「日本対応チーム」なんですよね。

ちなみに、Twitter Japanの笹本裕代表は、NHKの報道番組『クローズアップ現代』のなかで、「ヘイトスピーチにも表現の自由があるのではないか」みたいなことを言って、大問題になりましたね。笹本代表がこれをどこまで本気で言ったのかはわかりませんが、自分たちに対策を行う十分な決定権がない厳しい立場がこれを言わせたのではないか、と僕は推測しています。

一方、Twitter社はずっと赤字続きでしたが、最近はビジネスが堅調で、黒字が増えてきています。先日もCEOのジャック・ドーシーが来日した際に、『毎日新聞』のインタビューを受けていましたが、「ヘイトは非常に問題になってきているので、きちんと対応します」と述べました。アメリカではかなり対策が進んでいるようですし、日本でも多少は変わる兆しが見えてきました。このあたりは、世論を今以上に盛り上げていくことでしか彼らも変わらないのだと思います。

日本におけるGoogleのヘイト対策

津田 その他のプラットフォームの対応状況をざっとまとめると、Googleは、最近は結構対策を講じています。ファクトチェックを強化し、ジャーナリズムプロジェクトへの資金提供など、Googleはそれなりにお金をかけてやり始めています。GAFAのなかでは一番きちんとやっている方だと思います。

最近『BuzzFeed』が報じていましたが、Googleで検索した際に、悪質なブログや「まとめサイト」などの検索順位を下げる試みを二〇一七年から継続的に行っているようです。たとえば鳥取ループなどの「ヘイト」や「フェイク」が検索順位の上位に表示されてしまうから問題なのです。それらの検索順位が下がるだけでも影響力が変わってきます。

現実に、歴史修正主義的なキーワードは非常に検索順位を下げています。たとえば、「従軍慰安婦」や「ホロコースト」などの単語で検索すると、「ヘイト」や「フェイク」のサイトは軒並み下がっていて、逆に学術的な情報が上位に来るようになってきています。トップがWikipediaなのは、それはそれで別の問題はありますが。

Facebookもフェイクニュース対策をやっていると言っていますが、僕はあの企業を信用していません。

先ほどもご説明しましたが、Twitterは全世界でヘイトスピーチ対策を行っています。Yahoo!もヘイト投稿対策をやっていると言ってます。「Yahoo!知恵袋」では、AIを使って自動的に六割くらいのヘイト情報を処理したと言ってますが、まだまだ不十分な状況です。

ここ一、二年の状況としては、だいぶプラットフォーム事業者が助長するヘイトスピーチが社会問題になったと思っています。法廷に持ち込まれたヘイトスピーチのケースですが、Yahoo! が運営していた「テキストリーム」という掲示板上で、名指しで「在日朝鮮人だ」という虚偽の事実を投稿された仙台市の男性が、同社を相手取って提訴しました。Yahoo! サイドは、「虚偽であっても、その人の社会的評価が低下しないかぎり受忍される」と主張しました。この人は、自分の戸籍謄本などを Yahoo! に送って、本人であることを証明した上で削除を求めましたが、ずっと放置されていました。裁判では、「虚偽の事実が記載されていることがわかった時点で、人格的に虚偽の事実を示した表現の自由を保護する理由は全くない」という理由で、Yahoo! の敗訴となったわけです。

ヘイト情報のまとめサイト「保守速報」の敗訴事例

津田　もう一つの朗報は、在日コリアンの女性フリーライター、李信恵さんが原告となり、差別的な内容によって名誉を毀損されたとして、まとめサイト「保守速報」を訴えたケースです。最高裁判所は、保守速報の「まとめ行為」が名誉毀損、侮辱、いじめ、脅迫、業務妨害にあたることを認めて、二〇〇万円の損害賠償の支払いを命じました。

この裁判のポイントは三つあります。一つ目は、ネットであっても言論であっても、全て同じように、人格権侵害は成立するということです。

二つ目は、これはプラットフォーム事業者の責任にも近いものですが、これまで「まとめサイト」は、「自分たちのやっていることは、もともと掲示板やTwitterに書いてる他人の投稿を単にコピーしただけで、自分の行った言論ではない」ということを主張してきましたが、今回の判決によって、「まとめ」という転載行為についてきっちりと責任が認定された。このことは非常に大きい。高裁判決では、「むしろ、まとめることによって、より悪質なものなっている」という悪質性を認めたことも重要なポイントです。

三つ目としては、最高裁判決なので、これが判例になるということです。加えて、二〇〇万円という損害賠償も、侮辱罪やネット上の名誉棄損としては、最高額に近い金額だということもポイントです。

今後、あのような「まとめサイト」によって被害を受けた人たちが、みんなで集団訴訟するなど裁判に訴えていけば、勝訴できる可能性がかなり高まったと思うので、黙っていないで声を上げていくことが重要だと思います。

ヘイトスピーチの規制はどうすればいいのか――四つの手段

津田　最後にまとめますと、「ヘイトスピーチの規制はどうすればいいのか」という問いに対しては、僕は四つの手段が考えられると思っています。

一つはプラットフォームの規制です。要は、「Google、Facebook、Yahoo!、Twitterをなんとかしろ！」ということなんですが、ご存知のように多くのプラットフォームはアメリカの企業です。したがって、言語の壁がありますし、こうした企業は資本の論理で動くので、きっちりと主張をすることは大事ですが、それだけでは根本的な解決策は期待できません。だからこそ、公の立場からの規制が必要なわけです。

もう一つは、金儲け目当てで情報を歪めて流しているユーザーに退場してもらうということ。具体的には、広告規制ですね。利用規約違反の情報を発信したユーザーを凍結し、口座情報を共有するなどして二度とネット広告で金儲けができないようにする。これで金儲け目的のユーザーの多くを排除できます。ただし、このやり方は、金儲け目的以外でヘイトスピーチを繰り返しているような存在――具体的には、鳥取ループは排除できないんですよね。彼らは金儲けではなく、悪意の発露としてやっているので、広告が削除されたところで痛くもかゆくもない。

もう一つはヘイトをしている人間の実名公表です。これは大阪市が今、条例を作ろうとしていますが、自力救済をサポートするようなものですね。問題は、ヘイトスピーチをしている人間が誰か調べる手間と訴訟するコストが非常に高いということです。発信者情報を特定して、訴訟していく。しかもそれが海外のプラットフォーム事業者だとより手間がかかる。発信者を特定して、訴訟まで行くのに最低でも三〇万円から七〇万円くらいかかるみたいな世界ですから、それを被害者に負担させるというのもおかしな話ですよね。李さんは「保守速報」を訴えて二〇〇万円を得ましたが、逆に言えばそれだけしか取れてない。かかったコストや精神的負担を考えると、受けた被害の方が大きいんじゃないかと思います。悪質な情報発信をしている人間を簡単に突き止め、安価に提訴できる仕組みを作らなければこの問題は解決されません。

サイトブロッキングが抱える問題

津田　関連する話として、二〇一九年の春にサイトブロッキングの問題がありました。これは、もともとインターネットで接続するときに特定のサイトに接続できないようにする、日本では児童ポルノについては例外的に認められている制度だったんですが、これを他のジャンルの犯罪にも拡大しようという動きが出てきたんですね。しかし、これは憲法の検閲の問題や表現の自由の問題ともろにバッティングするということで大きな批判を浴びました。ここのサイトにアクセスしちゃいけませんというリストを政府や行政が作ったら、極端な話、『琉球新報』や『沖縄タイムス』はブロッキングしましょうということができる。その意味で、ネット上のヘイトスピーチがなくならない場合、ブロッキングで対処するというのは一つの選択肢としてゼロではないと思いますが、かなり難しいだろうというのが僕の印象です。それを踏まえて、ネット上のヘイトスピーチは法規制すべきかどうか。結局この問題は、「誰が」「どのように判断するのか」ということが決定的に重要で、その基準について、第三者が定期的にチェックし続けなければ有効に機能しないと思います。表現の自由という、非常に重要な人権が侵害される恐れがあるわけですから、ガバナンスがしっかりしていないと、運用でリスクが生じてしまう。なので、ブロッキングや法規制は本当に最後の手段として取っておき、それまではプラットフォーム事業者とネット広告業界に自主規制を促し、悪質なサイトに広告が配信された企業に対して通報を行い、発信者情報を簡便に取得できるようにして、訴訟をやりやすくするという対症療法の組み合わせで状況に対処していくしかないと思います。

法的規制は「表現の自由」を侵害するか?

川口　ヨーロッパやドイツでの取り組みの前提には、ヘイトスピーチなどに対する差別を禁止・規制する法律があり、そのためヘイトスピーチ投稿は「違法」であるから、企業も「違法」なものに加担してはいけないから対応するという点がありますよね。

津田　そうですね。とりわけドイツには、「民衆扇動罪」などがあって、ナチスを肯定するようなものについては厳しく規制されているんですよね。そもそも日本とはヘイトスピーチを議論するベースが違う。だから、単純には日本と比較はできないですよね。

川口　ただ、規制する根拠がないと、行政や企業も削除一つしないという状況もあるので、前提が違う部分も踏まえて、話していきたいなと思います。

谷口　津田さんがおっしゃるみたいに、法規制という話になると、恣意的な運用にも関わる「誰がどのようにやるのか」という問題が出てきますよね。とりわけ、「表現の自由」とのバッティングの問題は出てきます。

津田　僕はジャーナリストなので、サイトブロッキングにしても法規制にしても、ストレートに仕事に影響が出てきてしまいます。ただ、「じゃあ、差別を野放しにしていいのか」という問題もあるので、そこは自分のなかでもジレンマです。

谷口　そうですよね。伝統的な人権の判断基準である「二重の基準論」で言うと、「表現の自由」は「精神的自由権」にあたります。これは「居住移転の自由」や「職業選択の自由」などのような「経済的自由権」に優先される権利です。

では、なぜ「表現の自由」が優先されるかというと、民主主義を守るためだからです。たとえば、ジャーナリストのように権力に抗う人たちが、「表現の自由」を主張するのは当然のことだと私は思っています。

ただ一方で、「表現の自由」を主張される人たちのなかには、「ヘイトスピーチであっても、表現の自由は守られるべきだ」という理屈を立てる人がいるわけです。この方たちは、「対等な人間がこの社会を構成している」ということを信じてるんですね。しかし本当にそうなのでしょうか。私は、まずはその前提から問い直さなければいけないと思います。なぜなら、今の社会には、「持てる者と持たざる者」（お金、知識、資源など）が歴然と存在していますし、もともとの社会的地位や立場にも不平等が存在しています。部落出身というだけで差別をされますし、女性というだけで差別されてしまうわけです。

そういう前提がある社会のなかに、本当に対等な人間関係なんて存在しているのかという疑義を呈さないかぎり、「表現の自由」と「法の規制」の兼ね合いについて議論することはできないと思っています。

先ほどチキさんが述べた「ニューセントリズム（中心主義）」も同様です。差別する側の人間が、「もともと持っていた既得権を奪われたから、取り返すだけだ」と言って、差別を正当化するわけです。彼ら／彼女らは、力を持っているにもかかわらず、「表現の自由」を盾にとって、弱者を攻撃するのです。

ヘイトスピーチの対象になる人々は、明らかにマイノリティの側に立つ弱い立場の人間です。先ほどの「保守速報」を訴えた李信恵さんも、女性であって在日コリアンであるという、まさにマイノリティが重なってるわけですよね。しかしそういう人たちに対して差別者は、「あいつは強く見える」とか「あいつはいろいろな権利を持ってるヤツだ」と真逆のことを言って、責任を転嫁しようとする。

こうした捻じれた状況を理解した上で、「表現の自由」というものを考えなければならないと思います。もちろん、表現の自由をとても大切にしなければならないのは大前提です。民主主義を守らなければなりませんから。「表現の自由」が、どういう方向からどのように、誰によって提示されているのかというのは注意しないといけないですね。そういうことも、社会に問うていかなければいけないと思っています。津田さんがおっしゃる、誰がどのように、恣意的に規制するのか、というのは本当にそのとおりで、だからこそ、表現の自由というものに対して、アンテナを上げて議論するということが、今、必要なことかな、という気はしてます。

荻上　「表現の自由」というのは、まずは個人が国家に対して、「しっかりと補償しなさい」という形で設けられるべきものです。したがって、「一個人が隣の人に何を言ってもいい」という類のものではないですよね。

自由というのは、「他者を危害しない範囲での自由」ということが、自由権をめぐる政治思想史のなかで言及されてきました。しかし、これまで皆さんが述べてきた差別のケースは、明らかに危害にあたるという立法事実があるわけです。

では、危害が生まれた場合どうするか。立法が慎重でなければならないのは確かなんです。国民の権利を過剰に侵害しないようにしなければいけませんから。だからといって、「表現の自由のために、個々の被害はしょうがない」などとなってしまってはならない。だから、ミニマムスタートで理念法などから始めたりしつつ、どの程度までの対応が必要なのか、状況に応じて丁寧に改善していく必要があるわけですね。

ただ、被害者の側からすると、「今すぐその被害を止めてくれ」という憤りなどはあるわけですよ。具体的に、一分、一秒でも、そのサイトが延命すれば延命するほど、差別は拡散していきます。児童ポルノであっても、性被害であっても、ヘイトスピーチであっても、名誉棄損であっても状況は同じで、ネットにはそうした性質があるわけです。

今のTwitterやYahoo!などの削除対応などを見ていると、いきなりブロッキングでなくて、ある種「実験的凍結期間」のような仕組みを導入しているように思えます。数多く通報があれば、ひとまず休止してその内実を見たのちに、「セーフでした」といって復活させたり、「アウトでした」といって凍結したり、いろいろな試みを行っている最中だと思うんですね。

そんななかで、個人や団体レベルでどういう対応ができるのかについて述べてみたいと思います。体験に基づく着想ですが、思い付く順に四つだけあげましょう。

ネットにおける差別をどう止めるか

「良質なコンテンツ」の拡大・拡散

萩上　一つ目は、「エデュケーター」「ポジティブメーカー」の役割です。たとえば、YouTubeに問題のある様々な動画がアップされているのであれば、それよりも適切な動画をアップしていくことが必要です。今YouTubeにアップされている情報は、非常に不確かで脆弱です。ただその問題を嘆くよりは、より良質なコンテンツを提示していくことで、正しく勉強できる環境を作っていくことが重要です。

最近特に、そうした問題意識を持つようになったので、何かしら新しいメディアを作れないかということで、いろいろな人と相談しています。イメージとしては、一カ所のプラットフォームに良質なコンテンツを集めるのではなく、YouTubeやFacebook、LINE

などいろいろなSNSに対して、ポジティブ・コンテンツを提示していくものです。そして、そうしたポジティブ・コンテンツを提供してくれる組織をどんどん増やしていきたいと思っています。

いじめ問題でいうならば、Facebook や TikTok などいろいろなところと連携する。様々な問題があったときに、いじめ問題はうちが、たとえば児童虐待ならこちらのNPOさんとか。NPO同士で横につながりながら、そんな相談対応をやっていく。相談は無理でも知見は提供します、っていうだけでも、エデュケーターとしては十分です。

ここにいらっしゃる皆さんは、社会の多くの人たちよりも部落差別に対してアンテナが高いはずなんです。だとするならば、「自分なんてまだまだ」と言ってる暇はありません。自分が思ったことをちゃんと発信していくということを、様々な場所で多面的にやっていっていただきたいと思います。

「サポーター（支援）機能」の充実化

萩上　二つ目は「サポーター（支援）機能」です。行政の支援窓口が不十分であるという問題があります。これを解決するために、民間でQ&Aを作ったり、相談窓口を作ったり、あるいは、ＬＩＮＥ相談を行うといった方法が考えられます。

たとえば、自死予防の対策として、「夜回り２・０」というテクノロジーが立ち上げられました。これは、自死関連の用語を検索すると、相談を受けるように記した広告が表示され、相談サイトへ誘導する仕組みになっており、相談者はメールや電話、ＬＩＮＥなどで相談を受けることができるものです。

だけど、それが間違った仕方で機能してしまうと、以前の Twitter 上での、連続殺傷事件みたいなことになってしまう。あれは、死にたいという気持ちを受け止める人が、そういったある種 evil な人とつながりやすい環境になってしまっていたから。それを good な相談体制につなげていくっていう、サポーター体制というものを個人あるいは団体で整えていく。たとえば、私のＮＰＯ法人ストップいじめ！ナビでは、様々な自治体などから、「ＬＩＮＥによる相談事業をやりたい」という相談を受けることがあります。確かに電話よりＬＩＮＥの方がハードルが低いので、「こんなことを相談したいです」と、窓口があったら、そこにつぶやくんですよ。

部落問題で相談したいというときのＬＩＮＥのアカウントはありますか？ YouTube で部落って検索して、そこにちゃんと相談案内の動画がありますか？「部落　相談」とかで二ワードで検索した場合に、サポートとつながるようなコンテンツ発信ありますか？ないのであれば、頭を抱えるだけでなく、それも作った方がいいのではないか。これが二つ目です。

ヘイトに対する積極的なカウンター

萩上　三つ目は「カウンター」です。これはいわずもがなで、否定的な情報を流している人を通報したり、それに対して反論を書き込むことで、傍観者に対して、「あれはおかしいんだ」「別の考えもあるんだ」という学習機会を設けていくことです。歴史修正主義と同じように、誤りをメインストリーム化させないということですね。

企業や行政の対応を随時チェックする

萩上　四つ目は、「チェッカー」です。これは既存の行政や企業なんか、適切に仕事をしているかどうかチェックする。通報したけどだめでした、だけじゃなくて、これを通報したんだけれども、その後こうでした、とリストやレポートを出す。

こうした個人から団体レベルでできることの実践例っていうのは、たぶん、フェミニズムとかある分野を見ていると、ウェブサイトの対応ってどれもまだできていない。ハラスメント事例のまとめとか、全然ないです。むしろ、津田さんがさっき、ＡｆＤのケースとか出したように、差別解消の動きをむしろディスる、あるいはある種のゲームのように設定されることが起こっている。何かの「アンチ」であることを身体化する者同士の、バッシングゲームですね。ただ、エデュケーターとして、「それは一部の人である」ということと、「それ自体が問題なんだ」ということを、あらかじめ提供していくことが重要です。そういった個人の取り組みがあって初めて、企業や行政がようやく重い腰を上げるようになるし、立法化に向けた動きにもつながっていくと思います。

どうやってネットを駆使し「命綱」を強くしていくか

萩上　今言ったような個人の役割で、自分がどんな役割を果たせるか。いじめでいうと、傍観者じゃなくて仲裁者になりなさいと言うけど、他にも通報者とかシェルター、スイッチャーになるとか、いろんな役割があるんです。ヘイトでもそう、部落差別でもそう。

僕はメディアの論客。津田さんと谷口さんはジャーナリストだったり法学者だったり。川口さんは活動家。では、それぞれの現場でどういう風に体制を整えようかといったときに、問題意識を共有しながらも、それぞれの分野で先の四役割が不足していないかを見てみる。そして、YouTubeさんと一緒にがんばろうとか、ＬＩＮＥさんと一緒にがんばろうとか、いろんな課題が出てくると思うんですよ。

いじめもそうでしたけど、最初はネガティブなところが出てきたんで、どう対処しようか、という話が先だったんです。ネットいじめ、規制どうしようか、裏サイトつぶしましょうかとか。これが一〇年前です。でも今は、ＬＩＮＥも含めて、どう命綱を作ろうかという話もできてるんです。問題になる対策をどうするか、だけじゃなくて、どうやってネットを使って命綱を強くしていくかが大事です。

差別者の持つ「ノウハウ」をいかに超えていくか

津田　チキさんの最後の話はとりわけ重要だと思っていて、それが結局川口さんの話につながっていくのだと思います。すなわち、「なぜ鳥取ループが出てきたのか」という問いに対して、「ゲームとして設定されたから」と言うことができるかもしれません。

パソコン通信の時代から「アングラ文化」というものがありました。たとえば、出版でいえば『危ない1号』みたいなムックがこれにあたります。あえてタブーとなるような情報を扱って、それを楽しむというような、ある種愛好家の楽しみとして「アングラ文化」が九〇年代ごろまでは当たり前のようにあったわけです。ネットには、出版やテレビのような倫理規定はなかったし、それを管理する機関もありません。憶測ですが、鳥取ループは出版やテレビとかで言えないようなことをインターネットを使って「遊び」としてやったのではないでしょうか。

宮台真司さん風に言えば、最初はネタでやっていたことが、どんどん内面化されていき、最後には「自分たちはよいことをやっているんだ」というところにまで来てしまった――「ネタ」が「ベタ」になった。

今日の講演会に行政の方たちがたくさん来られているのは、たいへん重要なことです。行政などの公的機関は、残念ながらITリテラシーが低いんですよね。これは、行政機関では、システムに関してはいろいろな業者に任せているということが影響していると思います。だから、行政の相談現場は、今、起きていることや被害の現状を適切に理解できずに、対処法もわからずアドバイスもできないという状況にあるのだと思います。

フェイクニュースやヘイトの問題は、「個人のリテラシーを鍛えて対応する」という段階はとっくに越えています。なので、僕は個人に対して「メディア・リテラシーを鍛えましょう」とは言わないようにしていますが、こと行政に関しては別で、もっとＩＴメディア・リテラシーを高めなくてはいけないと思っています。そしてそれを高めた上で、海外の取り組みや先行事例などを参考にしながら、きちんと問題に取り組んでいくことが重要です。

僕は大阪維新の会については評価していませんが、大阪市の吉村市長が進めるヘイトスピーチを行った人物の実名を公表するという取り組みに関しては、評価すべきと思っています。

鳥取ループをはじめとした「ゲームとして差別を扇る」彼らは、高いメディア・リテラシーを持っているし、どうすれば人が扇動されるのか、その具体的なノウハウもたくさん持っています。それらと立ち向かうためには、差別と闘う人権団体も、もっとメディア・リテラシーを高め、粛々と対策を講じていく必要があると思います。

「ゲーム感覚の差別」には地道な人権教育が重要

谷口　今、津田さんがおっしゃいましたが、ゲーム感覚で差別を行う人は、ある種の正義を振りかざすんですよね。「自分たちのやってることは正しいんだ」と。鳥取ループには、鳥取ループの正義があって、あのようなことを行っているわけですよ。「部落のことを隠す必要はないじゃないか」みたいな。彼らには「アウティングをしている」という意識はなくて、「公表しないことの方が差別を再生産するのではないか」というような屁理屈が非常に得意なんです。とても簡単な言葉で扇動し、差別するので、「あ、なるほどそういうことなのか」と、人々の心にすっと入りやすい状況にあるのだと思います。

ゲーム感覚で差別をしてしまう人たちの、「ゲーム感覚の正義」に対しては、やはり長期的なスパンで適切な人権教育をやり続けていく必要があると思っています。

人権教育には、いろいろなフェーズがあり、学校教育もそうですし、企業教育も自治体の市民教育もそれにあたります。このようないろいろなフェーズを通して、適切な人権教育をやっていかないといけないと思ってます。

ただ人権教育については、すでに良質なコンテンツはあるんです。課題としては、それらをどのように利用するかということだと思っています。たとえば、チキさんが指摘したように、良質なコンテンツがあるにもかかわらず、ウェブなどに上げられていないという状況があるので、ネットなどの新しいメディアに合った形で、コンテンツを作り替えて積極的に見せていくことが重要だと思っています。

人権感覚がなければビジネスはできない！

谷口　一方で、企業などに対しては、「ビジネスに人権という観点がなければ、ヨーロッパの企業は取引してくれませんよ」「差別を放置して訴訟のリスク抱えてる企業は生き残れませんよ」「人権をビジネスに持ち込んだら、結局得すんねんで」という話で説得するのも一つの方法だと思います。人権を「得」とか「損」で話をするのはいやですが、それで通じるんだったら入口はそれもアリです。

そういう意味でいうと、オリンピック・パラリンピックにおける調達コードなどについても、企業に理解しているかどうか問うことは重要ですし、ＳＤＧｓなども政府が率先して取り組んでいるので、これを活用することができるはずです。

ちなみにＳＤＧｓとは「Sustainable Development Goals」の略称で、「持続可能な開発目標」と訳されます。これは、二〇一五年九月の国連サミットで採択された「持続可能な開発のための二〇三〇アジェンダ」に記載されている、二〇一六～二〇三〇年までの国際目標のことで、持続可能な世界を実現するための一七のゴール・一六九のターゲットから構成されています。

たとえば、「ジェンダーの平等」や「人と国の不平等をなくそう」「作る責任・使う責任」

「平和と公正を全ての人に」などが目標として示されています。

したがって、差別の問題に取り組んでいない企業があれば、消費者として「SDGs推進企業としてその姿勢は正しいんですか」と問うていく視点も大事だと思います。

「あかんもんはあかん」と言い続けること

谷口　先ほどチキさんも言いましたが、ここにおられる方はすでに情報にアクセスされてるわけですから、一人ひとりの力を信じて、「あかんもんはあかん」と言い続けることが必要です。

一方で、包括的差別禁止法を作るための動きを止めないことが必要です。個別差別解消法はいくつもできてきていますが、日本には包括的に差別を禁止する法律がないというのは問題です。そうした法律を作らせるような取り組みも、一方で行っていかなければなりません。いろいろな組み合わせだと思いますが、チキさんの提案のように、まずは、部落解放・人権研究所が、良質なコンテンツを提供する取り組みを始めていかなければならないと思っており、「がんばらなあかんな」と思いました（笑）。

質疑応答

質問の提起

質問者1　部落解放運動には様々な蓄積がありますが、そうしたコンテンツをインターネット上で提供していくための具体的な方法を教えてください。

質問者2　自分が教育に関わっているので、教育の話を教えていただきたいと思います。差別的な情報が流布されることを防止することは重要ですが、教育者としては、子どもたちが差別的な情報に触れたときに、ちゃんと跳ね返せる人間になってもらいたいと思います。

ただ、チキさんがおっしゃった「ニューレイシズム」のように、「同和の人は優遇されている」「都合が悪くなったらすぐ差別だと言い逃れる」といった差別意識は、すごく聞き心地よく、あたかも「正義」を持った言葉のように聞こえてしまうのです。

たとえば、口汚く罵るヘイトスピーチを聞けば、「あれはあかん」と思うはずですが、しかし「同和の人は……」という論調は、人の心のなかに、すーっと入ってきてしまいます。この問題に関して、きちんとカウンターを打ち込んでいかなければなりませんが、その方法についてアドバイスをいただければと思います。

質問者3　一人目の方の質問と重なりますが、私は良質なコンテンツについて関心を持っています。部落について暴き、晒すということには、一種ゲームの楽しみ方があると思いますが、それに対抗するための良質なコンテンツというのは可能なのでしょうか。

良質なコンテンツで差別を受けている人をエンパワメントしよう！

荻上　「良質なコンテンツ」というのは、差別によって、テーマによって、そのあり方は変わるのではないかと思っています。ただ、何かを「晒す」「暴く」というのは、部落差別だけでなく、性的少数者や在日コリアン、あるいは海外にルーツを持つ人に対する差別においても、共通するテーマですね。晒される対象に対しての知識がなければ、「奴らは怖い連中なんだね」「利害をむさぼってるんだね」などと、誤った知識が浸透してしまいかねない。そうした問題に対しては、歴史的事実や被害の実態を伝えていくことが重要であることは、それぞれに共通した課題だと思います。

ただ、マイノリティの人がコンテンツを出していく際に、たとえば性的少数者の人たちであれば、「こういった人がゲイですよ」「レズビアンにはこんな特徴があります」という切り取り方はせず、「ゲイの人たちは社会的にこのような課題を抱えています」「レズビアンの人はこのような差別を受けています」「自分の場合はこうです」という方法をとる。それは、ほかのマイノリティにも共通するところです。

部落差別ついても、部落を晒している人たちに加担しない仕方で、人権としての問題や、歴史的事実、啓発の課題、被害の実態などについて伝えていくのは可能ですし、現に様々なメディアでもそうした方法で取り上げられています。

またそのようなコンテンツがネットにアップされれば、「差別被害を受けているのは自分だけではないんだ」というようなエンパワメント効果があったりするんですね。

たとえば、今、顔を出して発信しているＡＢＤＡＲＣ（アブダーク）の方々の活動がありますよね。それがYouYubeなどの動画や「シノドス」などのサイトにアップされて紹介されることで、エンパワメント効果を持つコンテンツになると思います。

ほかにも、たとえば、ＳＯＳを発信する人に具体的なシェルターをつなぐ役割、必要な知識を届けるサポーター的なメディアはどうするのか。問題発言をストックするチェッカーとしての役割はどうするのか。機能ごとに、メディアの形はいろいろあるでしょう。

「あるあるネタ」が「Me Too」につながる！

荻上　「あるあるネタ」も重要です。障害者運動や女性運動は、「あるあるネタ」から盛り上がります。「そうそう！　その差別、私の場合も同じ！」というような「Me Too」が重なり合うことで、どの社会運動も大きくなってきた現実があります。したがって、ある意味「私も同じ」という部分を話し合うことのできるプラットフォームが形成され更新されていくと、味方が可視化されてポジティブな一つのスタイルを作ることはできるかもしれません。

もしかしたら、僕のこうしたアイディアは甘いのかもしれません。でも少なくとも、たとえば地上波テレビのようなマスメディアのオープンな場所で、当事者同士が話すことなどは、なかなかできるものではありません。

様々な差別被害の事例集を類型化していくことで、「Aさんのケース」「Bさんのケース」

のような、ロールモデルや仲間が見えてきます。そういう状況を作っていくことは、とても重要なのではないかと思っています。それを行うための、ポジティブ・コンテンツのあり方というのは、「YouTubeならこう」「まとめサイトならこう」というように、メディアによっても違いますし、「啓発のためならこう」「SOSをチェックするためならこう」というように、目的によっても違ってくるので、一概に「これが方法だ」とは言えませんが、僕は川口さんとつながっているので、いろいろと相談しながら作っていくことはできると思います。

これが、一番目と三番目の質問に対するお答えです。

加害者の自己正当化には「中和の技術」が有効

荻上　次は二番目の質問に対するお答えです。要は学校の教育で、どのようにニューセントリズムのような差別を是正することができるのか、ということです。

かつての差別であれば、「こうした差別がありますが、それはいけないことです」というケアを想定していた話が、ニューレイシズムでは「そうはいかないのではないか」という問題意識ですよね。そうかもしれませんが、しかし僕はうまくいくと思っています。

ウェブメディアを経由して、誤った認知がなされてしまうことを防ぐために、最初にワクチンを打っておくことが必要です。あらかじめ、「社会にこのような差別がある」「こうした差別を防ぐために、こうしてる人たちがこのような活動をしている」という説明をしておくのです。

いじめ対策の分野には、「中和の技術」というものがあります。人間は、「自分は悪人だ」と思いながら行動することはなかなか難しいといわれています。「自分は正義だ」と思っているからです。この原理を利用して、周りのみんなが「あなたの行っていることは正義ではない」と否定することを、「中和の技術」というわけです。

これは、もともとは非行少年たちの研究から生まれたものです。非行少年たちは、「自分たちは悪だ」と口では言ってますが、本当は悪だと思っていません。悪い行為をしていても、「あいつは盗まれてもしょうがない奴だから」とか、あるいは「こいつは仲間のルールを破ったから殴ったんだ」と、盗みや暴力が悪いことだとはわかっていながらも「でもそれには理由があるんだ」「仕方がないんだ」という方法で自己正当化します。そのときに用いられるのが「中和の技術」です。

いじめは、「加害の否定」すなわち「これは加害でなくて同意を得ていること」だとか、

「被害の否定」すなわち「本人も楽しんでやっているので被害者ではない」、あるいは「高度な忠誠」すなわち「これは仲間の意識を守るため」「あいつが絆を乱したから当然の行為だ」などと、理屈を付けて暴力などを正当化し、行われています。

これは全部、ニューレイシズムにも当てはまります。したがって、自分の差別を肯定する人に対しては、「こうした差別の実態を見てください」「差別によってこんなに悲しんでいる人がいます」ということを知ってもらった上で、「なお、その差別に対策が必要ないと言えますか」「あなたは、『対策は必要ない』と言うことで、差別された人たちがすがってきた命綱を切ることに賛成するんですか」と、「中和の技術」を使いながら伝えていくことが重要です。

これを行うには、教師と生徒の信頼性や、ちゃんと授業を聞いてもらえる体制の確保や工夫など、課題はいろいろとあるでしょう。一筋縄ではいかないことはわかります。ただ、新しい問題であっても、実は古典的な研究には啓蒙の知識が埋まっているので、まだまだ使えるかなと思っています。

「失敗した体験」や「悩んだ体験」をアウトプットしよう！

谷口　私は、子どもたちに対する教育の観点からお答えします。

私が非常勤講師として勤めている大阪大学では、「ＤＪマユミ」というコーナーを設けていて、授業の最初の一〇分間に、ラジオのＤＪを模して恋愛相談を受け付けています。

学生の恋愛相談にのっている立場から話すと、一番みんなの関心を惹き付けるのは、他人の恋愛体験です。これがみんな大好きなんですよ。他人の恋愛体験は、スマホのアプリなどでも、一番読まれているんじゃないかと思います。「Ａさんがこういう告白をしたらうまくいった」みたいなものです。私のこうした経験から考えるに、やはり体験談はきちんと掲載していくことが大事だと思います。

「自分が失敗した体験」や「自分が悩んだ体験」、あるいは「困ったときに○○さんに相談したらうまくいった」などの経験というのは、あくまでも個人の経験ではあっても、同じ問題を抱えた人にとっては参考になるわけです。誰もが「つるっと」大人になったわけではなくて、悩んだり、壁にぶちあたったりして、大人になったわけです。そのなかには差別やいじめなどもあったはずです。いろいろな苦しいことや楽しいことなどの体験談を、私たちは子どもに伝えていくべきではないかと思うのです。

また、そういう体験談のアプリのようなものがあれば、「この人、こんなに苦しんだのに、がんばって生きてるやん」みたいなエンパワーにもなるという気もしています。したがって、大人の皆さんが、今の子どもたちのために、自分の体験談、とりわけ失敗談だと思いますが、そうした体験を寄せ合っていくことが、一つのコンテンツのあり方なのではと考えます。

私は、つるっとした先生は嫌いでした。「偉いんやなぁ、この人」と冷めた目で見ていました。そういう先生よりも、「先生かて、いろいろ大変やってんで」という先生の方が、しゃべりやすかったし、相談しやすかったという記憶が残っています。先生方も、教育現場ではいろいろ戸惑ったり悩んでいることを、もっと伝えていってもいいのではないかと思います。

「マジョリティ」ではなく「非マイノリティ」という存在の意味

津田　まず、一番目と三番目の質問にお答えします。この問題を一発で解決する有効で具体的な方法というとなかなかむずかしいのですが、たとえば、行政などの現場においては、「これは差別ではないか」というクレームに対して先行事例を利用して説明するのがいいと思います。

たとえば、「保守速報」の裁判の判例を参考にしながら、「このような差別を放置した結果、ネットで炎上して、こんな問題になりました。したがってあなたにもこうした問題が起きますよ」ということを具体例と一緒に伝えて、危機感をきちんと認識してもらうのがいいのではないかと思います。

二番目の教育の問題ですが、立教大学でヘイトスピーチの研究をされている木村忠正さんが、『中央公論』二〇一八年一月号の論文で「非マイノリティポリティックス」について触れていて、これがとても面白かったんです。

「非マイノリティポリティックス」とは何かというと、「ネットでヘイトスピーチを書いてる人というのは、自分のことを〝マイノリティではないと認識している人々〟である」という考え方です。普通のマジョリティはヘイトスピーチは書き込みません。「非マイノリティ」も、マジョリティではあるけれど、自分たちのことを「多数派に属している非マイノリティだ」というわけです。つまり、「マジョリティとして満たされない」と感じている人が、ネット世論の中心を担っているという話を木村さんはしているのですね。

三つに類型化できる「ネトウヨ」の主張

津田　木村さんの論考で興味深いのは、ネット上にある政治社会関連の投稿を調べてみたところ、基本的には、A 韓国・中国に対する憤り、B「立場の弱さを利用して権利主張を得ているという認識に基づく」マイノリティへの違和感、C マスコミに対する批判、というこの三つしかないと述べています。とりわけBの問題は、実態は別として、部落差別解消の動きに対して、そう捉えられることが多い典型例になっていると思います。

ネット上で起きていることは、「多くの困難に直面している少数派への配慮」よりも、「少数派だと主張することで権利や賠償を獲得することへの忌避感」が、投稿の主要な動機になっていると木村さんは指摘しています。アメリカにおける白人が「少数派への過剰な配慮によって、自分たちは迫害されている」と感じて、トランプ大統領を支持するような状況にも通じる話です。

ここまでの議論はネット世論を考える上では、様々な論者からよく指摘されてきたことでした。しかし、木村論考はここからがユニークな結論を導き出します。ネット上の政治的投稿はA、B、Cという三パターンがあり、それぞれ動機が異なるように見えるけど、本質的にはB――つまり、「弱者」に対する違和感が全てと結論付けています。ネットを炎上させたり、ヘイトスピーチを書いてる人は、中国や韓国あるいはマスコミに対して批判的ですが、彼らのなかではAもCもBという認識を持っていると。韓国・中国、中国なんて経済的に日本をとっくに追い越していますし、韓国もハイテク産業などは明らかに日本を追い越している。しかし、中国も韓国もかつて侵略された歴史を持ち出して賠償の話を持ち出してくる。南京虐殺も慰安婦問題も、最近では徴用工問題も。本来は中韓と日本の歴史認識のズレに起因する問題であるのに、それをかつて日本より経済的に下だった「弱者」の国が無理筋の文句を付けているように見えているということです。図らずも『主戦場』という映画で杉田水脈衆議院議員が「どんなに頑張っても中国や韓国は日本より優れた技術が持てないからプロパガンダで日本を貶めている」と、あまりにも実態と違う認識を示して失笑を買いましたが、杉田議員の見解は、木村さんが指摘した非マイノリティがどのように中韓の現実を認識しているのかということを象徴、あるいは証明しているように思います。彼らにとっては中国も韓国も、障害者も被差別部落も全ては同じ――歪んだマイノリティ像で捉えている。そして、Cのマスコミは、そのBとBに含まれるAを擁護しているから、同じ穴の狢《むじな》であると。つまりは、全てがB――「弱者」への違和感によってネット上の政治的投稿は説明できるということです。極端な整理であるように思われる方もいるかもしれませんが、僕のなかではこの説明でかなりの部分が腑に落ちました。ネットでバズってる——アクセスを集めている記事やTwitterを見ると、確かに主張するマイノリティとか、叩く記事がものすごく多い。弱者を叩く記事が、アクセス数を集めやすいので、広告目当てで量産される構造があるということですね。

差別する人たちと対話は可能なのか？

津田　解決策はないのか。欧米では、「こうした問題を解決するには、ナラティブアプローチが有効ではないか」という議論が起こっています。つまり、ネットにヘイトを投稿する相手と社会的関係を築き、直接問いかけるという方法です。

ただ、欧米にはキリスト教という宗教的な価値基盤があるので、日本と状況は全然違います。たとえばヘイトスピーチを行っている人に対しても、「あなたはヘイトを書いてるけれども、聖書にはこう書いてあるよ」と話すことで、聞く耳を持ってもらえる可能性はあるわけです。逆に、日本は、基本的には宗教的価値観、基盤となる価値観がない社会なので、どうすればいいのかは悩むところです。

仮に、たとえば大阪だったら、「阪神タイガース」が欧米のキリスト教のような役割を果たすかもしれません。外国人へのヘイトスピーチを繰り返す人に対して、「君は外国人のことを悪くいうけれど、阪神タイガースの外国人選手が活躍したら、嬉しくないのか？」と言えば、少しは聞く耳を持ってくれるかもしれません。

このように、相手と共通点を探してから、話し合える社会的関係を築き、そして説得をしていくというアプローチしかないのではないかという議論が、欧米では起こっています。しかし、僕のようなメディアの人間にとっては、それは困難な話でもあるようにも思えます。そもそも「ヘイトスピーチをするような人間と友達になれるのか」という話もありますし、ジャーナリズムの問題としては、友達に語りかけるようなジャーナリズムというのが可能なのかどうか、という議論もあります。

荻上さんが自身の番組でやられている建設的ジャーナリズムや、「ポジ出し」は、こうしたナラティブアプローチにもつながる話なのかもしれません。

差別解消に向けたメディアの役割――沖縄報道から考える

津田　あと、三つ目の質問に、「部落差別にはほかの差別にはない特殊性があり、一種ゲーム的な楽しみで差別してしまう傾向があるのではないか」という指摘がありました。チキさんは性的マイノリティをケースに話されていましたが、僕は、自分がここ四年ぐらい関わっている、沖縄の基地問題とそれに起因する沖縄差別の問題を思い浮かべました。本土から見る沖縄の一般的イメージと、沖縄の人が累積的に差別されてきた経験のギャップが、ネット上でのヘイトを呼び込み、ゲーム的感覚で盛り上がっているようなところもあると思います。評論家の古谷経衡さんは「二〇一三年ごろからネット右翼の攻撃するターゲットがそれまでの在日コリアンから沖縄にシフトした」と指摘していますね。この問題を考える上で参考になるのが、専修大学の山田健太さん書かれた『沖縄報道――日本のジャーナリズムの現在』（筑摩書房、二〇一八年）です。沖縄をめぐる報道から偏向、分断、ヘイトが生まれる構造を解き明かした本なのですが、これを読むと、本当の意味で、前知事の翁長雄志さんの功績がよくわかります。

翁長さんが知事になってから、在京メディアが辺野古の問題、あるいは沖縄のそもそもの問題を取り上げることがすごく増えていることが、数字でわかるのです。その結果どうなったかというと、米軍基地の辺野古移設に関する本土の世論が明らかに変わり、辺野古移設反対の意見が多数派になりました。

これは、辺野古移設に関する報道を増やすことで人々の意識を変えられた実例として非常に貴重なケースだと思います。

翁長知事は、非常に強い言葉で本土に対して沖縄への差別を語ってきた知事でもありました。言葉に力があったからこそ、在京メディアも大きく取り上げ、それによって、本土の人々の意識が変わったのです。これは一つの大きなヒントだと思っています。

同時に、差別の問題を解消するには、全国区メディア、あるいは在京メディアの取り上げ方を変えなければいけないという問題が見えてきます。在京メディアが記事としてきちんと取り上げなければ、日本が変わらないわけですから。同時にこれは、ローカルで大きな影響力を持っている在阪メディアの問題ともいえるでしょう。

筋力のある「遅い運動」から何を学ぶか

津田　まとめ的な話にもなるのですが、ノースカロライナ大学の教員で、テクノ社会学者のゼイナップ・トゥフェックチーが執筆した『ツイッターと催涙ガス――ネット時代の政治運動における強さと脆さ』（Pヴァイン）の邦訳が、二〇一八年出版されました。トゥフェックチーはもともとIT業界にいたんですが、トルコの「タクシム広場」の再開発計画に端を発したエルドアン大統領に対する反対運動を、現地で参与観察していたとき、催涙ガスを浴びてたいへんな目にあったそうです。そのことをきっかけに、彼女はネットを通じて、反政府デモなどいろいろ社会運動を見て研究し、「ネットを通じた社会運動には限界がある」ということを学びました。

彼女は、ネットを通じた社会運動の可能性をずっと見てきた人なのですが、現実的には世の中を変えていないことに気付くわけです。「アラブの春」も「雨傘革命」も、日本の「SEALDs」だって、運動としては盛り上がったが、政治的な成功をそれによって手にしたとはいえない。「なぜうまくいっていないのか」という問いに対して、彼女は「ネットによって簡単な動員が可能となり、加えてお金も集まった結果、運動が急成長した。しかし、リーダーなどがいるわけではないので、組織としての筋力がなく、それで瓦解してしまった」と結論付けました。

一方で、一九五〇年代に始まったアメリカの公民権運動は、Facebook も Twitter もないような時代に始まった社会運動でした。ネットを駆使した現代の運動と比べて「遅い運動」だったともいえます。トゥフェックチーは、遅い運動だったからこそ、組織が少しずつ筋力を付けていき、力を蓄えられた。それによって運動が途中で瓦解しなかったし、出口戦略も見えていた、と述べています。今日話しているような差別解消の問題も、じっくりと時間をかけて、差別反対という意識を社会にインストールしていくような運動が、必要になるのだと思います。

「部落解放同盟のメディア化」という新しい闘い方

津田　その意味で、今日のような取り組みはすごく重要だということです。部落解放同盟は、水平社からおよそ一〇〇年、解放同盟が結成されてから七〇年の歴史を持っており、その間に培われた強さがあると思います。これまで差別問題と闘い続けてきて、今、ネットにおける新しい差別問題に対しても取り組んでいこうとしている。

今後重要なのは、筋力のある解放同盟という組織を、いかにメディア化するか、より具体的にいえば、どう最新のソーシャルメディアに接続していくかということです。もちろん解放出版社や解放新聞などのメディアはあるのですが、やはり主戦場はインターネットです。なぜかといえば、日本最大のメディアは「Yahoo!ニュース」だからです。Yahoo!ニュースは七〇〇〇万人もの人が閲覧しています。Twitterも四五〇〇万人が見ています。最多部数を誇る『読売新聞』でさえ八〇〇万部に過ぎません。閲覧数からいえば、ネットの方がまさっているのです。しかしネットは真剣に見ません。だからこそ、ネットにはフェイクニュースやヘイトスピーチがあふれ、差別の温床になっているのです。

翁長前知事が在京メディアと本土の人間の意識を変えたように、部落解放同盟も在京メディアを変えていかなければならないし、それと同時に、インターネットも変えていく必要があります。そのためには、「発信の戦略」というのが非常に重要になってきます。今からでもやれることはたくさんあるはずなので、自信を持ってがんばってください。僕も協力できることがあれば、なんでも協力します。今日はありがとうございました。

差別撤廃に向けてともに闘おう！

川口　部落差別解消に向けて筋力のある解放同盟をいかにメディア化できるのか「発信の戦略」が重要であり、特に在京メディアとインターネット上での発信が、今後の闘いの「主戦場」になるとの津田さんからの指摘、私も同じ思いを持っています。鳥取ループ・示現舎はネットを「主戦場」に、次々と新たな差別扇動を仕掛けてきています。今回の鳥取ループ裁判では、まさにネット社会における部落解放の戦略が問われました。
二〇一六年の「部落差別解消推進法」の法案審議のなかで、SNS上では「同和利権」「解同＝暴力糾弾」「寝た子を起こすな」などのニューレイシズムの言説が横行するなか、被差別部落の当事者や解放運動側からの発信がほとんどない状況があり、同和教育を受けていない若者たちが見事に、それらの言説に持って行かれていました。ネット上での発信がいかに重要か、従来の解放新聞や解放出版社などでの情報発信だけでなく、ネット上でのそれらの良質なコンテンツがいかに重要となるのかも痛感させられました。

私もすぐにTwitterやFacebook、ブログを開設し、ネット上で積極的な情報発信をして、部落問題に対する正しい情報、差別の現実を訴えていきました。そして、同じような問題意識を持った原告の若い世代や研究者、カウンターも含めて、新たなネット上の取り組みをしようということで、「ＡＢＤＡＲＣ」という「反鳥取ループ裁判支援サイト」を立ち上げました。

ネット上での良質な部落問題の基礎知識や裁判情報を発信しながら、渋谷や難波などのカジュアルでおしゃれな雰囲気のイベントハウスでのトークセッションや学習会などを開催して、解放同盟員だけでなく、若者や幅広い層の人が部落問題に関心を持ち、参加してくるようになりました。そこに在京メディアなどにも取材を呼びかけ部落問題の記事を掲載してくれるようになり、また参加者がＳＮＳなどでどんどん情報発信をしてくれるようにもなりました。インターネットを主戦場とした新しい解放運動のスタイルが動き始めています。

また、ネット上の部落差別の実態把握、対策に向けた調査研究については、部落解放・人権研究所が二〇一七年に「ネットと部落差別」研究会を立ち上げ、松村元樹さん（反差別・人権研究所みえ事務局長）と私が幹事となり、これまで様々な専門家や団体などと協力し、ネット対策、政策課題等の研究や提言を行ってきました。今回のシンポジウムは、まさにそうした活動の成果として実現しました。

フェイクニュースやヘイトスピーチ、ネット人権侵害の深刻化など厳しい状況が続いてきましたが、ようやく国や企業、行政や運動団体、研究者、マスコミなど少しずつですが、それらの事態の深刻さを認識し、課題解決に向けて動き始めました。今後も皆さんと協力し、ネット社会における人権確立に向けて、全力で取り組んでいきたいと思います。

本日は、ありがとうございました。

用語解説（五〇音順）

アウティング

性的少数者や在日コリアン、被差別部落民など、社会から差別や偏見を受けているマイノリティの個人情報を、他人が本人の了解を得ずに暴露し、公表する行為のこと。

ABDARC

「Anti-Buraku Discrimination Action Resource Center」の略語。鳥取ループ及び示現舎がおこなっているアウティングをはじめとする差別行為に対してNOを突き付けるとともに、どんなマイノリティであっても不利な状況におかれることなく安心して暮らしていける社会をつくるために行動する有志のグループのこと。

雨傘運動

香港において、二〇一四年九月二八日から七九日間続いた民主化要求デモのこと。中国の中央政府が、香港の民主派の立候補者を排除する選挙方法を決定したことに対して闘われた。

アラブの春

二〇一〇年末のチュニジアで勃発した体制権力への異議申し立て運動（ジャスミン革命）に端を発し、その後二〇一一年にかけて北アフリカや中東諸国で起こった一連の民主化運動のこと。

カミングアウト

性的少数者や在日コリアン、被差別部落民など、社会から差別や偏見を受けているマイノリティが、自分の立場や主張などを自ら公表する行為のこと。

糾弾

部落の人が、自らの人権を守るために、差別をした人に抗議し反省を求める行為。そのなかで、差別をした人と部落の人が差別事件の本質を明らかにし、その人が差別をするようになった背景や差別を生み出す社会のいろいろな原因について掘り下げ、差別を許さない人になってもらうための教育の場とすることが目的。差別をした人とされた人が、差別がなぜ今も存在しているのかということを明らかにし、ともに人間の尊厳に目覚めようとするもの。

消費者生成型メディア（ＣＧＭ）

一般の消費者が、インターネットなどを通じて自ら情報を発信するメディアの総称。ブログ、メルマガ、ＢＢＳ、メーリングリスト、ソーシャルネットワーキングサービスなどがこれにあたる。

特別措置法

一九六九年に成立した「同和対策事業特別措置法」以降、二〇〇二年まで続いた一連の同和対策事業のこと。同法は、部落民に対する差別と偏見を排除し、社会的・経済的地位の向上をはばむ諸要因を解消することを目的に作られた。具体的には、生活環境の改善や産業の振興など、実質的な差別の解消が図られた。「同和対策事業特別措置法」は一九八二年三月に失効し、同年四月に「地域改善対策特別措置法」が制定された。その後、一九八七年四月には、「地域改善対策特定事業に係る国の財政上の特別措置に関する法律（通称地対財特法）」に引き継がれたが、同法は二〇〇二年失効。三三年にわたる同和対策事業特別措置法は終わりを迎えることとなった。

ネットの電話帳

鳥取ループが運営するインターネット上にある電話帳のこと。ＮＴＴがハローページに掲載した固定電話の電話番号や個人名、住所などの情報を掲載している。

二重の基準論

人権を精神的自由と経済的自由とに分け、精神的自由を規制する立法の合憲性は、経済的自由を規制する立法よりも、特に厳しい基準によって審査されなくてはならないという理論。

フェイクニュース

嘘の情報や誤った情報によってつくられたニュースのこと。

部落地名総鑑

全国の被差別部落の地名、所在地、住民の職業などを記載した書籍のこと。就職や結婚の際に、部落出身者を排除するための差別的な目的のもとに、調査業者が作成したもの。一九七五年にその存在が発覚し、作成者とこれを購入した企業や学校、病院などに対して部落解放同盟は糾弾闘争を展開し、差別撤廃への取り組みを行った。

部落民宣言

被差別部落民の子どもらが、自らの立場をカミングアウトし、自分の生きざまについて語ることで、それに応えてくれる仲間を作り出し、反差別を闘う集団を形成していく取り組みのこと。

「#Me Too」運動

性暴力やセクハラの被害者が、自らの被害について声を上げ、ともに告発することを呼びかける運動のこと。アメリカの女優のアリッサ・ミラノが性暴力被害を受けたことのある女性たちに「Me Too（私も）」と声を上げるよう呼びかけたことが始まり。

ライツ・ベースド・アプローチ

子どもが教育を受け、社会参加することは本来的な権利であり、その機会を保障するのは親や地域社会、自治体、政府の義務であるとする考え方。

【著者紹介】

谷口真由美（たにぐち　まゆみ）

1975年生まれ。大阪大学非常勤講師、全日本おばちゃん党代表代行。国際人権法、ジェンダー法などが専門分野。TBS系『サンデーモーニング』、朝日放送『おはよう朝日です』『キャスト』、ABCラジオ『伊藤史隆のラジオノオト』はじめ、TV、ラジオ、新聞のコメンテーターとしても活躍。

荻上チキ（おぎうえ　ちき）

1981年生まれ。評論家。メディア論を中心に、政治経済、社会問題、文化現象まで幅広く論じる。NPO法人ストップいじめ!ナビ代表理事。ラジオ番組『荻上チキ・Session - 22』（TBSラジオ）メインパーソナリティ。同番組にて2015年度、2016年度ギャラクシー賞を受賞（DJパーソナリティ賞およびラジオ部門大賞）。

津田大介（つだ　だいすけ）

1973年生まれ。ジャーナリスト／メディア・アクティビスト。ポリタス編集長。テレ朝チャンネル2『津田大介日本にプラス+』キャスターほか、ラジオのナビゲーターも務める。

川口泰司（かわぐち　やすし）

1978年生まれ。愛媛県の被差別部落に生まれる。中学時代、同和教育に本気で取り組む教員との出会いから解放運動に取り組むようになる。大学卒業後、社団法人部落解放・人権研究所、社団法人大阪市新大阪人権協会を経て、2005年より一般社団法人山口県人権啓発センター事務局長として活躍。

【編者紹介】

一般社団法人　部落解放・人権研究所

部落差別をはじめ一切の差別の撤廃をはかり、人権確立社会の実現をめざすため、調査研究事業、人権人材育成・啓発事業、情報発信事業等の取り組みを行っている。

ネットと差別扇動——フェイク／ヘイト／部落差別

2019年10月20日　第1版 第1刷発行

編　者　一般社団法人 部落解放・人権研究所

著　者　谷口真由美　荻上チキ　津田大介　川口泰司

発　行　株式会社 解放出版社
〒552-0001 大阪府大阪市港区波除4-1-37 HRCビル3階
TEL 06-6581-8542　FAX 06-6581-8552
東京事務所
〒113-0033　東京都文京区本郷1-28-36 鳳明ビル102A
TEL 03-5213-4771　FAX 03-5213-4777
振替 00900-4-75417　ホームページ http://kaihou-s.com

装　幀　米谷　豪

印刷・製本　モリモト印刷株式会社

ISBN 978-4-7592-1103-0　C0036　NDC360　168P　19cm
定価はカバーに表示しています。落丁･乱丁はお取り替えいたします。